¿Valió la pena?
La revolución de Chávez terminó en estafa

José Vicente Carrasquero A.

DEDICATORIA

Esta colección de artículos pretende ser un recordatorio para que los venezolanos dejemos de oír cantos de sirenas. Para que tomemos las riendas de nuestro destino. Para que hagamos cierto aquello de que los recursos son nuestros y no los tenemos que estar mendingando a quienes se hacen del poder para someternos y establecer su propia agenda marginándonos del proceso político.

CONTENTS

LA QUEJA ORIGINAL NO HA CAMBIADO

"Nosotros, como militares herederos del Ejército Libertador, no podemos permanecer indiferentes a lo que hoy sucede. El inmenso grado de corrupción que plaga todas las esferas de nuestro país, la gran cantidad de privilegios con que cuentan algunos, la falta de castigo a las personas que todos sabemos culpables de haber tomado indebidamente dineros públicos, las políticas económicas que colocan en posición deplorable a los venezolanos más sencillos, la venta a consorcios extranjeros de nuestras empresas fundamentales, la imposibilidad que tiene la gran mayoría de los venezolanos para satisfacer sus necesidades básicas, la ineficiencia del sistema y de todos los servicios públicos y en fin el desconocimiento de nuestra soberanía en todos los terrenos, nos fuerzan a tomar una acción destinada a reivindicar la democracia." Hugo Chávez 03/04/1992

1 ¿VALIÓ LA PENA?

Si algo ha caracterizado a la clase política que nos gobierna desde 1958 es su incansable e incesante capacidad de prometer. Desde la solución de los problemas que aquejan a los venezolanos desde tiempos inmemoriales hasta fastuosas obras de infraestructura que nunca se concretan.

Elección tras elección se repiten las mismas promesas. La lista de los problemas no hace más que crecer. Los problemas en sí mismos se hacen cada vez más graves y por lo tanto de muy difícil solución.

Es este mecanismo perverso el que lleva a los venezolanos a pensar, en 1998, que la situación que se estaba viviendo no podía ser peor. Dado que el ciclo de promesas se repetía, a lo mejor era necesario cambiar de oferente. Es decir, un grupo de personas distintas a las que habían gobernado hasta ese momento.

No contaban los electores con el pequeño detalle de que estos actores, miembros del reparto de lo que hoy llaman cuarta república, no venían de Ganimedes. No son más que un extracto de esas personas que medraron del ejercicio del poder de alguna forma o de otra. Un grupo cuyas capacidades nos permitía anticipar que doce años después estaríamos más atrás del punto de partida. Al revisar las encuestas de opinión pública vemos como entre los problemas que preocupan a los venezolanos están los mismos de 1998, pero mucho más graves y de una resolución mucho más complicada y, ahora acompañados de problemas que no soñábamos tener.

Viendo nuestro devenir en retrospectiva, nos preguntamos si llevamos un rumbo que nos permita salir del círculo perverso de las promesas incumplidas. Miramos a nuestro alrededor y vemos una clase política sumamente pervertida. Una que cree que una posición ideológica es más importante que la calidad de vida de los ciudadanos. Unos burócratas que cuando usan la oración "bajar los recursos" demuestran su absoluta ignorancia de que ostentan cargos productos de una delegación que recibieron de sus verdaderos jefes: los venezolanos, el pueblo mismo pues.

Es así que piensan que son miembros de una especie de ejército invasor que viene a imponer a sangre y fuego una forma de hacer y pensar las cosas que debe ser aceptada a pie juntillas. No cabe discusión, las órdenes deben ser cumplidas. Desde esa perspectiva, no pasa por sus mentes la posibilidad de rendir cuenta, de sentir vergüenza por los errores cometidos, de pedir se les excuse por las tareas no realizadas. Todo se reduce a servirle al líder que les da viabilidad política. Aquel sin el cual no tendrían posibilidad alguna.

Tenemos una clase política gobernante que se siente por encima del pueblo al que tienen la obligación de servir. Se deben solo a un proyecto político, a una ideología. El mayor agravante es que la ideología ha probado ser obsoleta e inútil y el proyecto político tiene nombre pero no existe.

Esto nos permite entender como un ministro después del rutilante fracaso en el manejo de la crisis de El Rodeo, se conforma con que le quiten las responsabilidades relativas al sistema carcelario, pero no le pase ni remotamente por la mente renunciar. Por muchas razones. Porque sus políticas han probado ser insuficientes e inadecuadas para resolver el problema del delito, por ejemplo. Porque permitió que el problema de las cárceles llegara al vergonzoso estado en el que se encuentran hoy. Y más importante, por su manifiesta incapacidad para conducir un ministerio que se relaciona con los aspectos fundamentales de la convivencia ciudadana.

El ejemplo anterior no es único. Son muchos los ministros que desempeñan cargos para los cuales no poseen formación y preparación alguna. Lo único importante en el currículo de un funcionario de este gobierno es su lealtad al presidente. Nada más. No hace falta otra cosa. De ahí que hayamos visto ministros de educación superior que no saben hablar y que no tienen credenciales académicas necesarias para regir tan delicada materia.

Hemos visto ministros ir y venir. Militares, cantantes, poetas, ingenieros, arquitectos, pare usted de contar. En todo caso, han sido muy pocos los que has mostrado algún grado de conocimiento para manejar la materia que le ha sido encomendada.

Hay que decir que el jefe no está exento de este problema. No tiene capacidad de estadista. Siempre dirige su mirada al pasado. No hay futuro. Siempre hace referencias a cosas que a la mayoría de los venezolanos no les importa. Un jefe que impone una agenda que está divorciada de los problemas que a los venezolanos les toca sufrir día tras día.

Lo cierto es que los problemas siguen ahí. Algunos ejemplos. En 1998 el déficit de unidades habitacionales alcanzaba un millón. Doce años después se ubica en dos millones y medio. Es decir, este gobierno no fue ni siquiera capaz de impedir que el número de familias sin hogar siguiera creciendo. Otro, en 1998 el número de asesinatos a manos del hampa alcanzaba las cuatro mil personas. Hoy se proyecta que a finales de 2011 habrán muerto unos quince mil venezolanos en doce meses producto de la acción de una actividad criminal que cada vez se hace más fuerte.

Nos lleva esto a hablar de soberanía. Palabra con la que esta clase política se llena la boca. Nunca la soberanía venezolana se había visto tan amenazada. Particularmente desde adentro. A menos de tres kilómetros a vuelo de pájaro del palacio de Miraflores hay grupos que declaran sus territorios como liberados. Representantes del estado tuvieron que negociar con unos *pranes* para que le devolvieran el control de una cárcel. La delincuencia esta desatada de tal manera que el venezolano se ve obligado a recogerse temprano, a someterse a los desmanes de hampones que se meten en sus casas para amenazar sus vidas y quedarse con el producto de su trabajo.

Mientras tanto, en Ciudad Gótica, encontramos a una clase política preocupada de una agenda totalmente distinta. Preocupada de que los medios no revelen la triste realidad que al final no hace más que poner en evidencia la incompetencia de quienes se encargan de administrar el estado en este momento.

En 1998 la gente estaba cansada de esto. De esto mismo. No de otra cosa. Porque si tomáramos aquel aguerrido discurso del hoy presidente, lo podríamos trasladar a nuestros día sin mayores problemas. Y volveríamos a hablar de cúpulas podridas, y de decisiones tomadas entre gallos y medianoche, y de una corrupción rampante que nos hace preguntarnos nuevamente: ¿dónde están los reales?

Y la pregunta final: ¿Valió la pena? ¿Fue para esto que los venezolanos decidieron darle la oportunidad a otra gente? ¿Fue para que abusaran del poder de la misma forma que lo hicieron quienes les antecedieron? ¿Fue para que la gente siga siendo víctima del hampa? ¿Fue para que la violencia no sea monopolio del estado y esto de parezca cada vez más al lejano oeste norteamericano? ¿Fue para que la defensora se ocupe de cualquier cosa menos del pueblo? ¿Fue para que la justicia sea un apéndice del partido de gobierno?

La lista de preguntas es interminable. La única manera de que esto haya valido la pena es que quienes tomen el testigo rompan el círculo vicioso de las promesas incumplidas y convoque a los capaces a resolver los problemas que angustian al pueblo. Al Soberano.

27/07/2011

2 ¿SE LA ESTÁ COMIENDO?

Cuando se oye a Chávez hablar del desempeño de su administración y alabar la gestión de su gabinete ministerial uno se pregunta automáticamente: ¿qué pensará el presidente de su gobierno?

En una conclusión adelantada, uno tiene que convencerse de que Hugo piensa que se la está comiendo. Que el país nunca había estado tan bien. Que los venezolanos se alimentan de lo mejor. Que se puede salir a la calle sin temor a ser atracado y/o asesinado. Que se puede ir al mercado y conseguir de todo y barato. Que al pueblo le sobra el dinero y puede hasta ahorrar. Que las empresas estatizadas funcionan como nunca antes. Que la calidad de vida de los venezolanos es tan buena que podemos regalar dinero a todo país que a él le parezca.

De ahí que felicite a sus ministros, que ratifique a Giordani quien no puede contener el llanto al enterarse de que no está raspado. Que atornille a su ministro de interior y justicia a quien ha tenido que quitarle funciones creando un nuevo ministerio para ver si pega una.

¿Se la está comiendo? ¿O es cinismo, desparpajo, irrespeto al mínimo sentido común del pueblo al que le debe respeto? ¿O es más bien que sus estándares de calidad son muy bajos y por lo tanto, si uno de sus ministros respira y aplaude ya es suficiente?

¿Se la está comiendo? ¿O es que no sabe que Caracas se ha convertido durante su gestión en una de las ciudades más peligrosas del planeta? Que en Venezuela mueren más personas al año que en muchos países que sufren de conflictos abiertos. Que no hay una política de su gobierno seriamente dirigida a erradicar el problema de la delincuencia. Imagínese presidente cómo será el problema de la criminalidad en Venezuela que cualquier funcionario público con más o menos algún nivel tiene al menos chofer y guarda espaldas. Eso sin mencionar los que trancas calles, avenidas y autopistas para que ellos puedan circular con tranquilidad y rapidez.

¿Se la está comiendo? No creo que a pesar de su enfermedad no se haya enterado del problema de la cárcel de El Rodeo. Que no sepa que el sistema carcelario venezolano es una verdadera vergüenza. Que las políticas en esta materia no se limitan a crear un ministerio y nombrar a una amenazante ministra para que lo administre.

¿Se la está comiendo? El presidente debe saber que muy frecuentemente un motorizado es asesinado para quitarle su medio de trabajo porque los repuestos de las motos no se consiguen. Que los talleres no encuentran piezas para reparar vehículos. Que el sector industrial sufre por la falta de refacciones para sus equipos.

¿Se la está comiendo? A estas alturas del juego el presidente debe saber que el control de cambio es una denuncia de la precaria calidad de su política económica. Que esa práctica primitiva incentiva el crecimiento desproporcionado de los precios, genera escasez y por sus propios procedimientos incrementa de forma brutal el costo de los productos. No en balde un vehículo pequeño puede costar quince mil dólares en otros países y cuarenta mil aquí. El mantenimiento obcecado del control de cambio y ahora de los controles de precio solo vuelve a poner de manifiesto que en su gobierno no hay un solo funcionario que sepa algo de economía.

¿Se la está comiendo? Explíquenos bien señor presidente por qué no hay la electricidad que los venezolanos necesitan para tener la calidad de vida que demanda el vivir en estas latitudes cercanas al trópico. Díganos por qué los planes de electricidad no se continuaron y hoy tenemos que vivir con la bobalicona excusa de que la demanda subió demasiado. Eso quiere decir que cuando comenzaron a aplicar las políticas no sabían que iba a haber un incremento de la demanda eléctrica producto del crecimiento vegetativo de la población y de la incorporación de sectores de la población a mayores niveles de consumo. De ahí presidente que usted necesite urgentemente para su gabinete alguien que sepa de planificación.

Bueno perdón. Necesita quien sepa de planificación, quien sepa de economía, quien sepa de seguridad ciudadana, quien sepa de cárceles, quien sepa de salud, quien sepa de educación en todos sus niveles y pare usted de contar.

Porque a decir verdad señor presidente, no se la está comiendo. Usted conduce uno de los peores gobiernos que conoce la historia patria. La incompetencia de quienes le rodean lo que hace es poner de bulto su propia ignorancia de la forma como debe conducirse un país.

Un país no se dirige a fuerza de consignas y etiquetas. Ni alertando contra enemigos reales o imaginarios. Se conduce con base en metas y objetivos claros. Con planes bien detallados que permitan alcanzar la visión que del país usted tiene es su mente. Se puede decir categóricamente que eso no se está haciendo.

Por lo tanto presidente la próxima campaña no va a ser sobre si la tarjeta es de unidad o única, si se llama MUD o MUS y todas las descalificaciones que a usted y a sus adláteres se les pueda ocurrir. Le tengo la pésima noticia de que la campaña presidencial girará alrededor de exponer una de las peores gestiones presidenciales que ser alguno pueda recordar en nuestro país. Y por supuesto hacer ver que la responsabilidad de esa precaria gestión es solamente suya. La suerte está echada.

02/08/2011

3 GOBIERNO DE ETIQUETA

Vivimos tiempos de simplificación. La clase política gobernante evita meterse en honduras. Prefiere la superficialidad del discurso de confrontación y culpas al voleo evitando en todo momento llegar ni de cerca al esclarecimiento de los problemas que vive el venezolano común.

Eso explica la culpa permanente a la cuarta república. Los dislates contra todos aquellos que piensen distinto de ellos. El fracasado aparato comunicacional destinado a explicar que todavía se necesita mucho tiempo para resolver incluso los asuntos más triviales. No es raro escuchar a algún personero de la elite gobernante justificando su propia incapacidad a través del manido recurso de culpar a los gobiernos anteriores. Se escabulle así de explicar el por qué esos mismos problemas se encuentran hoy en peor estado que a finales del siglo XX.

Desde lo más alto de estas cúpulas gobernantes escuchamos una verborrea que una vez transcrita y leída, dice nada. Absolutamente nada. Nada en términos de quienes esperan una respuesta al tema de la criminalidad desbordada. Nada en materia del tráfico vehicular que destruye la calidad de vida de muchas zonas urbanas en el país. Nada en materia de medicinas que no se consiguen, obligando a los interesados a solicitarlas a través de los medios de comunicación. Nada de los productos que no se encuentran en los supermercados. Nada de la pobre calidad de educación que recibe nuestra juventud.

A cambio somos bombardeados a través de todos los medios disponibles de unas preocupaciones artificiales con la que los cubanos, por ejemplo, han tratado de justificar el fracaso de una revolución que no termina de entregar a su pueblo las promesas de emancipación que hace el marxismo.

Preocupa a nuestra cúpula gobernante, y sobre todo al pináculo, la invasión del imperio, la caída del capitalismo, el calentamiento global, la escasez mundial de alimentos para justificar la carestía de los mismos en nuestro país. Hay una diferencia brutal entre lo que preocupa discursivamente al vicepresidente de la Asamblea Nacional y lo que ineluctablemente perjudica la calidad de vida de la inmensa mayoría de los venezolanos.

Se llenan la boca con una cantidad de palabras, nombres o frases que a la postre significan nada. Podemos comenzar por la etiqueta mayor: Socialismo del Siglo XXI. Cuando se le pregunta a uno de los miembros de la clase política en el poder su significado, es posible oír casi cualquier cosa menos una definición de este concepto central para el proceso político que dicen llevar a cabo.

El gran discurso de este gobierno gira alrededor de la dicotomía bueno-malo. Por supuesto, ellos asumen el papel de buenos y dejan para los demás el de malos. Ellos patriotas y los otros escuálidos, vende patria, contra revolucionario, pitiyanqui, etc., etc., etc.

No vamos a llenar este espacio inventariando la cantidad de etiquetas simplificadoras de la realidad que usan las cúpulas gobernantes. Sí queremos usar las líneas que siguen para explicar el por qué de esta práctica.

Hay que comenzar diciendo que es la mejor manera que tienen para huir del debate. No porque no les guste la confrontación. El asunto es que pragmáticos como son, saben que no tienen forma de defender las políticas de este régimen para combatir la delincuencia, entre otros muchísimos asuntos. Por cierto, el fenómeno de la criminalidad pone en tela de juicio la capacidad de los regentes del Estado de ejercer la soberanía del país. Prueba de ello, entre muchas otras, es la pérdida de la capacidad de gobernar el sistema carcelario nacional. Y soberanía es una de las etiquetas preferidas.

De allí que siempre se use el debate como invitación. Pero nunca se apela al mismo. Es como esos productos que en su publicidad asumen como atributos elementos en los que en realidad tienen poca calidad. Recuerdo una cuña de televisión durante mi niñez en la cual un reconocido conductor de programas aseguraba que la crema dental que promocionaba no tenía aire adentro del tubo. En mi baño, de los más confiado apreté el tubo de pasta de diente para ver cómo se reducía a menos de la mitad de su volumen después de expulsar un chorro de aire.

La etiqueta se usa para hacer que se explicó cosas que no saben explicar. Es así como pretende aplicar una ley para fijar precios mientras apuestan a especular en el mercado internacional para conseguir la mayor cantidad de dinero posible por el petróleo que exportamos. Para esto se limitan a hablar de la muerte del capitalismo y babosadas del estilo.

La etiqueta se usa para evitar a como de lugar explicar los planes para resolver cualquiera de los muchísimos problemas que por la incompetencia de estas cúpulas políticas deben sufrir los venezolanos. El problema de la electricidad seguirá sin resolverse y la demanda seguirá creciendo más rápido que la capacidad que estos políticos pueden poner en operación.

La etiqueta se usa preferentemente para la descalificación. La usan las cúpulas políticas y sus sirvientes en los medios de comunicación del Estado. Estoy seguro de que el vicepresidente de la Asamblea Nacional no sabe lo que es neoliberalismo. Para él es una etiqueta con la que quiere invalidar. Si supiera qué quiere decir esa palabra, se daría cuenta que la política de sus compañeros de tolda contra el hampa es la de sálvese quien pueda y como pueda. Neoliberal pues, salvaje pues. Cero intervención del estado. Si es víctima es porque usted se lo buscó.

Los espacios que de forma grosera son aprovechados por militantes del partido de gobierno en la televisora de todos los venezolanos están llenos de etiquetas. Después de todo no se puede esperar mucho más de estos insignes líderes de opinión que solo llegan a rezar el credo revolucionario sin entender la profundidad de la materia que debiera estar detrás.

Es así que tenemos un gobierno de etiqueta. Alguna de ellas será utilizada para descalificar este escrito y a su autor. Pero, les queda claro que lo que aquí se dice es la triste descripción de una cúpula política incapaz que ha dilapidado la mayor cantidad de dinero que haya tenido gobierno alguno en todo nuestra historia. Y eso ha pasado porque no tienen objetivo, no tienen propósito y en ese no, han depositado la responsabilidad en un ministro de que de planificación sabe muy poco y de economía nada.

La responsabilidad mayor, la única diría yo, recae en el presidente de la República. Porque no ha sabido darse cuenta de la triste realidad que vivimos. Porque no tiene capacidad para buscar mejores hombres para que lo acompañen en su gobierno. Porque él mismo no sabe cuál es el objetivo final. Otro que no sea mantenerse en el poder a como dé lugar.

09/08/2011

4 ¡PÓNGANSE SERIOS!

El anuncio de la tarjeta unitaria por parte de la MUD ha tenido efectos devastadores en la clase política gobernante. Se encuentran de repente con un adversario político dispuesto a dar la pelea de vencer a un régimen que en su deterioro se ha olvidado totalmente de los problemas de los venezolanos.

De ahí que en las últimas semanas hemos visto como desde el gobierno y en particular desde el pináculo de la cúpula se ha emprendido una campaña de falaces acusaciones contra la unidad democrática. Al mejor estilo de lo mejor que pueden hacer los cubanos desde el punto de vista comunicacional (no mucho) se ha comenzado a tratar de crear un clima de opinión que solo los interesados, los inocentes y los fanáticos pueden creer.

Se dice de forma olímpica que algunos están tratando de soliviantar a las fuerzas armadas. Se dice con una alegría que nos deja perplejos por su irresponsabilidad. Y es que quienes están en cargos de gobierno no tienen que estar denunciando. Porque para eso son gobiernos. Ante la existencia de un hecho irregular como el que fantasean estos voceros vestidos de verde militar, lo conducente, lo mandatorio, es que se proceda de acuerdo a la Constitución y las leyes. Que se presente inmediatamente ante la opinión pública la lista de conspiradores y sus secuaces dentro del estamento castrense. De lo contrario, no le queda a unos más que pensar que estas declaraciones no tienen otro propósito que el de crear zozobra por un lado, y por el otro rechazo contra la oposición. Póngase serio ministro de la defensa. No venga con cuentos de camino. Díganos los presuntos culpables. Devele los planes que parecieran existir en las fantasías de salas situacionales que necesitan distraer al público.

Recientemente vimos al director de la PNB volver con la tesis del artista de televisión aquel que era diputado del PCV. La inseguridad es una percepción que la gente se forma a partir de lo que transmiten los medios de comunicación. Resulta que en el último mes me he enterado por medio de amigos y conocidos de que sus casas han sido desvalijadas por grupos de delincuentes armados hasta los dientes. Me he enterado de la muerte de estudiantes de la UCAB, UCV y USB para robarles el celular. De que la hermana de un amigo recibió un tiro en el abdomen para quitarle un blackberry. De ninguna de estas lamentables noticias me enteré a través de los medios. ¿Qué le parece ciudadano director de la PNB? Póngase serio y admita que las políticas contra el delito se quedan cortas. Explique a la opinión pública venezolana qué está haciendo el gobierno para abatir la delincuencia. Necesitamos seriedad.

Un avión es incautado con un inmenso alijo de droga. Esta acción que debemos aplaudir por lo que significa en cuanto al combate de la droga se ve empañada por preguntas que no son contestadas con la debida seriedad. La queda a uno la duda si la aeronave salió de La Carlota con la presunta cocaína como carga. Si así fue, ¿cómo llegó eso ahí? ¿No es ese aeropuerto una instalación militar? Pónganse serios y expliquen.

La inflación cierra el mes de Julio con una cifra superior a la que acumulan muchos países en un año. El señor que finge ser ministro de planificación y finanzas se limita a decir que los venezolanos pueden gastar más en alimentos porque no tienen que gastar en educación y salud. ¿Qué clase de explicación es esta? ¿Se olvida que la última devaluación deterioró aún más el mermado poder adquisitivo de los venezolanos? Póngase serio ministro. Diga que usted ni siquiera sabe lo que es inflación. Que por lo tanto no tiene las capacidades para dominar este fenómeno.

La recién estrenada ministra encargada del sistema penitenciario del país anuncia, cual administradora de un hotel, que no se admitirán nuevos presos. Esta declaración en momentos de una altísima criminalidad no puede ser catalogada de otra manera que de error inaceptable. Póngase seria ministra. Pida a la AN unos créditos adicionales para construir nuevos centros de reclusión y para reparar los que actualmente están en uso.

En cuanto se bajó del avión, el presidente la emprendió contra la oposición. Que si le tienen rabia a los militares. Que si está siendo financiados por el imperio. Gamelote con el que se pretende distraer a una opinión pública a la que se le debe respeto. Por ejemplo, un informe completo del estado de salud del presidente de la República debe ser presentado. Los venezolanos deben saber a qué atenerse. El país no es de esta incompetente clase política gobernante. Tienen la obligación de rendir cuentas. Pónganse serios y díganos a los venezolanos la situación actual de la salud del ciudadano presidente y el pronóstico.

Sin embargo, lo que sale de la boca presidencial son etiquetas sin significado concreto, epítetos, insultos y pare usted de contar. Viene el ocupante del pináculo con el cuento de que quienes se oponen a esta administración que él llama revolución son traidores a la patria, servidores del imperio, etc., etc. Es decir, desconoce el individuo pinacular el derecho inalienable que tenemos los venezolanos a oponernos a que se sigan poniendo en práctica las peores iniciativas políticas de las que tenga noticia el país.

La pregunta es: ¿Cuál es la finalidad de todo esto? ¿Qué los hace reaccionar de esta manera? ¿Por qué una investigación de la Asamblea Nacional a la MUD? ¿Será que no hay asuntos más importantes que tratar?

La triste realidad de estas cúpulas que gobiernan es que son sumamente incompetentes. Que después de pasar décadas en la oposición, llegan al gobierno sin tener la menor idea de cómo se maneja un país. No han podido en doce años ensamblar un conjunto de políticas dirigidas a resolver los problemas que padecen los venezolanos desde hace ya varias décadas.

Como lo único que medio saben hacer es estar en oposición, es que denuncian, culpan, investigan, no asumen responsabilidad alguna. Es por eso que se dedican a construir una agenda que distraiga al público. Como si eso fuese posible en momentos en que se siente que el país se cae a pedazos.

Saben que la venidera campaña electoral girará alrededor de una muy precaria gestión que tiene como máximo responsable al mismísimo presidente. El que habla de haber alcanzado la libertad y la soberanía y acto seguido cae en la contradicción de culpar al imperio de nuestros problemas. Por cierto presidente, aprovecho nuevamente la oportunidad para informarle que en el mundo hay varios países con intenciones imperiales. Entre ellos, China, Rusia y Brasil como ejemplos.

Estos doce años demuestran que no tenían y no tienen una política para solucionar el problema de la vivienda. No en balde el déficit de unidades habitacionales pasa de un millón en 1999 a más de dos millones en 2010.

Demuestran además que no se tienen políticas para atacar el problema de la delincuencia. No es un atrevimiento decir que la industria del crimen maneja una cantidad de recursos que muy probablemente la hace la más importante del país desde el punto de vista económico a excepción de PDVSA.

Exigirles que se pongan serios es pedir demasiado. Una prueba de seriedad del ministro de planificación y finanzas implicaría su renuncia. Reconocer todos los errores que ha cometido. Aceptar que no tiene los conocimientos necesarios para conducir una cartera de tanta importancia para la nación. Así por el estilo con el resto de los funcionarios que acompañan al presidente en esta nefasta práctica administrativa llena de promesas y vacía de cumplimientos.

Pedirle seriedad al presidente sería sugerirle gentilmente que cambie su gabinete. Que convoque a gente que tenga ideas de cómo sacar al país de ese rumbo que nos conduce al inexorablemente al barranco. Que recapacite sobre la pobreza del rendimiento de sus prácticas políticas. Que se de cuenta de que nos conduce a una situación de precariedad social de la que será difícil recuperarnos.

De ahí que no podamos esperar seriedad de esta clase política que no sabe otra cosa que hablar. Que decir cosas, distraer la atención, insultar a quienes con todo derecho les reclaman que se pongan serios y comiencen a trabajar.

Por Venezuela: ¡Pónganse serios! Pueden estar seguros de que los venezolanos seremos muy serios. El voto castigo está cercano.

16/08/2011

5 LIBRETO MANIDO

Es evidente que las variables que sigue la sala situacional de Miraflores bajo la estrecha supervisión cubana se encuentran en su conjunto en valores adversos al gobierno. Solo basta ver la cantidad de protestas y manifestaciones que se dan todos los días a lo largo y ancho del país, para notar que el descontento con la pésima gestión del presidente Chávez sigue creciendo.

Casi todos los problemas a los que los venezolanos le atribuyen importancia se encuentran sin solución. La mayoría de ellos peores que en 1998 y muchos peores que en 1992. Ante la percepción creciente de que este gobierno carece de la capacidad necesaria para enfrentar estos asuntos y disminuir el impacto negativo que sobre la calidad de vida de los venezolanos, se apela al libreto manido de la desestabilización.

Según este libreto, nuestra clase política gobernante está compuesta por una serie de superdotados que no son comprendidos en la gran inteligencia de sus propuestas y por lo tanto resultan saboteados por unos malucos conspiradores aliados del imperio que no los dejan trabajar.

Se hace necesario para estas mentes brillantes culpar a otros. Fabricar una lista de enemigos a los cuales responsabilizar de que la policía no tenga la capacidad de combatir la criminalidad y que el ministro de interiores sea un incompetente que ni una carta de renuncia sabe redactar. ¿Qué dice el libreto? Cúlpese a los medios de crear una sensación artificial de zozobra. No le importe que en Venezuela ya todo el mundo conozca a alguien que ha sido de una forma o de otra víctima del delito. Use todos los medios del estado y algunos voceros tipo jefe de policía para que digan que si a usted lo roban, atracan o asesinan es por su culpa. ¿Quién lo manda a andar en la calle? ¿Por qué tiene que tener ese celular? ¿Y esos zapatos?

Algo similar ocurre con el problema de los apagones. En vez de aceptar que no planificó para el crecimiento de la demanda, pídale al ministro Giordani (¡Ingeniero electricista!) que diga que el problema es que la calidad de vida de la gente mejoró y eso trajo como consecuencia que aumentara el consumo eléctrico. Eso nos lleva a concluir que el ministro de marras, de planificación sabe poco tendiendo a nada. Mientras tanto la gente sufre el doble castigo de la incompetencia indolente: apagones y multas por consumo de energía. Esa variable debe tener locos a los expertos de la sala.

Otra variable que los tiene apurados es el del desabastecimiento. Las familias se organizan para ir a varios establecimientos en procura de las cosas que quieren adquirir para el consumo familiar. Este se ha convertido en un problema del que solo se puede culpar a un gobierno que se ha empeñado en aumentar su área de incompetencia interviniendo cada vez más en la economía. El desabastecimiento se extiende a la construcción con la falta de cabilla y cemento por ejemplo. A la industria automotriz con la falta de repuestos. ¿Qué dice el libreto? Acuse a los especuladores, cierre unas ferreterías, amenace a los dueños de abastos. Meta miedo, suelte al Indepabis y todo su corte de esbirros incompetentes. Promulgue una ley de control de precios. ¿Resuelven estas medidas el problema? Ni de lejos. Por el contrario, la empeoran. Y en sala situacional reina el desconcierto.

Ante la desconfianza generalizada que en materia económica generan las políticas del gobierno y que producen fuga de capitales, inflación, desinversión, sub empleo y muchos otros males, el libreto manido sugiere recurrir al anti patriotismo, traición, capitales cobardes, etc. La gran medida: el control de cambio. Una política discriminatoria que acentúa de una forma brutal las brechas que existen en la sociedad. Una política que no ha logrado el objetivo central que era evitar la fuga de capitales y la reducción de las reservas. Una medida anticuada que solo pone en evidencia la incapacidad de Chávez y sus genios de la economía para generar confianza. Una medida que hace que el Bolívar nunca fuerte carezca de valor real de intercambio.

Pero a pesar de todo lo que se hace en materia mediática, la gente sigue inconforme. No se hace posible que la gente aprecie la gestión del presidente en estos y otros puntos sensibles. Y, en medio de todo este desastre impúdico, se baja la oposición con una tarjeta unitaria y unas primarias para escoger a su candidato. Los cerebros de la sala situacional comienzan a fundirse. Si no detenemos a esos malucos de la oposición, nos ganan las elecciones. Hay que apelar nuevamente al manoseado y estrujadito libreto. ¿Qué sugiere al respecto?

Métase a la oposición en un solo saco. Tíldesele de lacayos del imperio. Dígase que planean un golpe. Que le calientan las orejas a sectores de las fuerzas ruso armadas. Que atacan a las instituciones. Que se sienten perdidos.

Pídasele a Chacón XXI que diga que el presidente va como un cohete hacia los diez millones de votos. Que sube, pero que no es por su enfermedad sino porque conduce uno de los gobiernos más maravillosos que recuerda la república.

Como las cosas están muy fregadas se le pide auxilio a los extra terrestres. Aparece algún marciano o algún lunático a decir que la oposición es un nido de alacranes, que no se quieren, que se van a matar entre ellos.

Lo cierto de todo esto es que el presidente Chávez sabe que su gestión es de lo peorcito. Que se puede resumir en una cuña de treinta segundos que transmiten obligadamente los canales nacionales. Que si la campaña se centra en discutir su gestión está total e irremediablemente perdido. Eso explica el espectáculo de hoy en la Asamblea Nacional y el accionar de organismos del estado.

Este es el juego del gobierno. Está cantado. El libreto manido del golpismo, del imperialismo, del manicurismo, etc., etc. y demás. Y sin embargo, la campaña girará en torno a tu gestión Hugo. A los ministros que te rodean. A la incapacidad de combatir esos problemas que en 1998 juraste resolver.

El libreto manido ya no surte efecto. Te recomiendo que te pongas a trabajar. Que destituyas a algunos ministros (comienza por Giordani) que supervises lo que ordenas. Solo así tendrás alguna probabilidad de evitar el voto castigo que pende sobre tu gestión.

23/08/2011

6 CRIMINALIDAD RAMPANTE VS. SOBERANÍA

Si una industria se ha desarrollado de una forma vertiginosa y saludable en nuestro país es la del crimen. Sus manifestaciones son diversas. Desde los asaltos en las camioneticas hasta la irrupción en viviendas. Desde secuestros hasta asesinatos. Esto por no hablar de las modalidades de crimen organizado que incluyen el robo de vehículos, el robo de camiones, el tráfico de drogas, la trata de blancas y todas las manifestaciones de este tipo de vicios en la sociedad.

Con una clase política que desde sus cúpulas habla permanentemente de soberanía, no se entiende la casi absoluta incapacidad de los organismos del estado para hacerle frente a este flagelo que ha puesto a Caracas en unos de los primeros lugares entre las ciudades más peligrosas del orbe.

¿Y que tiene que ver la alta criminalidad con la soberanía? Todo.

Para comenzar, queda demostrado que el estado no goza del monopolio de la violencia. Los malhechores andan armados sometiendo a los ciudadanos a su arbitrio por medio de la intimidación y la amenaza a la integridad física. Que ni siquiera goza del monopolio de la justicia. Esto no los informan los voceros gubernamentales cuando hablan de asesinatos por ajustes de cuenta. Hasta donde se puede saber y entender, solo puede haber ajustes de cuenta a través de los mecanismos establecidos en la constitución y las leyes. Por lo tanto, la gente que se hace justicia por sus propios medios está retando el poder soberano del pueblo depositado en sus instituciones.

Por otra parte, ha quedada demostrada la existencia de una gran cantidad de armas que no están registradas. Eso habla de una cantidad impresionante de personas que se arma ya sea para defenderse o para cometer crímenes con esos armamentos. Esto sin hablar de quienes usan con fines criminales las armas que la sociedad ha depositado en sus manos para proteger a la población. La existencia de tal ejército de personas debiera hacer al presidente y voceros gubernamentales reflexionar antes de usar la palabra soberanía.

No es soberano un pueblo que se ve restringido a horarios para andar en la calle. No son soberanos aquellos a los que se les arrebata la vida por objetos sin valor como un celular, una moto o un carro. No son soberanos los que no pueden disfrutar con libertad de sus cosas y de sus posibilidades. Porque al final hablar de soberanía es hablar de la gente. De la existencia incuestionable de sus derechos y de la garantías que da el estado en pro de lo que nos garantiza la constitución.

Hablamos de soberanía en momentos en que los partes de los fines de semana nos anuncian que el gobierno volvió a perder otra batalla frente al hampa desbordada. Hablamos de soberanía cuando miles de familias quedan desmembradas al año. Cuando madres entierran a sus hijos, contrario a las leyes de la naturaleza. Cuando hijos quedan sin padres, hermanos sin hermanos, esposas sin esposos.

Puede alguien que se respete a sí mismo hablar de soberanía cuando los dueños de esa soberanía viven en estado de sitio. Puede alguien decir que somos soberanos cuando vivimos en un estado similar al que nos brindaría un ejército enemigo que ocupara el país.

La soberanía no se limita a que traigamos los lingotes de oro y los guardemos en las bóvedas del Banco Central de Venezuela. No se limita a comprar unas armas rusas para decir que estamos preparados para combatir a cualquier agresor. No se limita a lanzar improperios cuando nos sentimos ofendidos por las acciones de otras naciones.

Lo central de la soberanía es que la gente pueda vivir en paz. Que pueda disfrutar de la vida sin más limitaciones que las que impone la ley. Que pueda desplazarse cuando pueda y como pueda sin el temor de que en cualquier momento será interceptado para quitarle sus pertenencias e incluso la vida.

¿Y por qué tenemos una criminalidad rampante?

La respuesta a esta interrogante es triste y lapidariamente trivial. La probabilidad de que un crimen sea castigado en nuestro país es cercana a cero. En otras palabras, los delitos se cometen bajo la suposición de que es muy difícil que el malhechor sea atrapado y luego condenado.

Las políticas del gobierno contra la delincuencia son extremadamente precarias. Prueba de ellos es el aumento de protestas de distintos sectores de la sociedad en contra de los crímenes que se suceden con muchísima frecuencia. Las calles cerradas por los vecinos para minimizar la posibilidad de un ataque del hampa. La gente que celebra encerrados en sus casas para no exponerse y, aún así hemos visto que resultan ser víctimas de los depredadores que andan sueltos por nuestras calles.

Las autoridades se limitan a balbucear excusas y a inculpar a terceros. Hay que recordar que en este gobierno la culpa siempre es de otro. Por ahí apareció un alto vocero de la Policía Nacional (por su tamaño y radio de acción más bien parece municipal) diciendo que la inseguridad era una sensación generada por los medios. Esto pasa cuando se ponen políticos en cargos que deben ser absolutamente profesionales. Cuando no, le echan la culpa al capitalismo que ha deformado la mente de la gente y lo induce a robar. Según esta memez, los delincuentes son capitalistas y las víctimas no. Y el colmo es cuando se culpa a la propia víctima. ¿Quién lo manda a mostrar ese celular? ¿Por qué tiene ese carro? Esto es lo que dicen los incompetentes que supuestamente nos deben garantizar nuestro derecho soberano a vivir en paz, sin miedos o restricciones.

Mientras tanto presidente, usted hace caso omiso del problema que más preocupa a los venezolanos. No le oímos en sus largas, y para mí fastidiosas, peroratas amenazar a los delincuentes como lo hace con los banqueros. ¡Qué bueno sería orle llamar a un pran y amenazarlo como hizo con el presidente del Banco Provincial! Una excelente idea sería estatizar las cárceles para que dejen de ser coto privado de las mafias que en ellas se enseñorean.

Atrévase presidente a promover como jefe estado que a los jueces se les de la titularidad de sus tribunales y que puedan operar según lo que ordena el estamento legal. Permita que las gobernaciones de los estados puedan manejar un verdadero aparato policial que vaya desde la prevención del delito hasta la investigación y castigo del mismo. No le tenga miedo a que la gestión de los gobiernos regionales ponga a sus titulares en capacidad de disputarle la presidencia aún siendo rojos rojitos.

Promueva presidente batallones que combatan el crimen en todas sus formas. Pida que le informen cómo es el problema de la avioneta de Falcón. Que le expliquen por qué no se resuelven los crímenes. Que le expliquen por qué hay tanto retardo judicial. Para eso es jefe de estado. Devuélvale al pueblo la soberanía de vivir.

De la oposición también esperamos más. Esperamos que demanden ante los organismos competentes que se luche de forma efectiva y eficaz contra la delincuencia. Esperamos que propongan leyes que tiendan a la descentralización de las competencias para combatir a los delincuentes con todos los hierros.

La oposición debe exigir a lo largo y ancho del país que los funcionarios rindan cuenta. Que los que no sirvan para el cargo que desempeñan sean destituidos. Incluyendo ministros de ser necesario.

La oposición debe convertirse en vocera y abogada de aquellas familias que se quedan desamparadas y sin justicia. **Así como se le exige al estado compensar a las víctimas de situaciones como de las del caracazo, se debiera proponer una ley que compense a aquellas familias que se quedan sin el sustento que aportaba un familiar abatido por el hampa en ausencia del estado.**

Gobierno y oposición tienen un tema alrededor del cual trabajar juntos. En esto no puede prevalecer una división absurda. La lucha sin cuartel debe ser contra una criminalidad que ya pone en tela de juicio nuestra soberanía como pueblo y que amenaza nuestra soberanía como nación.

El 30/08/2011 el Doctor Federico Welsch comentó sobre este artículo:

En términos politológicos resumiría su contenido así (con cierta dosis de cinismo, por supuesto):

El chavecismo va por buen camino hacia el comunismo, en el que el Estado sobra, queda eliminado, porque la sociedad se "gobierna" a sí misma. Es el único aspecto donde el chavecismo se adelanta a sus promesas, pues de hecho ya no hay Estado que pueda ser eliminado o superado: lo que los anglosajones llaman "stateness" o condición y capacidad de actuar como Estado ("estatalidad"), ya no existe.

30/08/2011

7 ¿RECUERDAS HUGO?

Desde hace ya varias semanas la vocería gubernamental se ha desatado en la denuncia de unos supuestos planes de la oposición para desestabilizar el país y crear una situación similar a la del año 2002. Vuelven las tácticas repetidas una y otra vez de lanzar acusaciones dirigidas a mal poner a sectores de la sociedad entre sí. Otra vez veremos la división como principal herramienta de una clase política empeñada en permanecer enquistada en el poder. Veremos algunos montajes mediáticos tratando de darle sustrato a estos señalamientos de utilería.

Alrededor de esto se me ocurre un ejercicio. ¿Qué justificaba a los ojos de los frustrados golpistas las acciones de Febrero de 1992? ¿Es muy diferente esa evaluación de la situación de 1992 de la que pudiéramos hacer hoy? El ejercicio lo haremos a partir de un párrafo de una presunta proclama del hoy presidente correspondiente al 3 de Febrero de 1992.

"Nosotros, como militares herederos del ejercito libertador, No podemos permanecer indiferentes a lo que hoy sucede. El inmenso grado de corrupción que plaga todas las esferas de nuestro país…"

A lo mejor tu burbuja y el cerco que te imponen tus adláteres impide que te des cuenta que la corrupción campea en Venezuela. Que como en 1992 son muchas las obras que muestran ejecución de los recursos financieros pero no de las obras. Es normal ver denuncias en los medios de comunicación que no son atendidas por los organismos del estado. Han nacido al amparo de tu gobierno nuevos grupos económicos de crecimiento vertiginoso que

24

por lo mismo, no deja de ser sospechoso. El tráfico de cabillas y cemento, por decir solo un ejemplo, crece al amparo de una burocracia que solo está pendiente de enriquecerse haciendo caso omiso del proyecto de país. No puedes decir Hugo que en materia de corrupción este país está mejor que en 1992. Las tribus judiciales, los traficantes de influencia y quienes operan a la sombra de los controles pudren los cimientos de un proceso político que se quiere, vanamente, autocalificar de revolución.

"… la gran cantidad de privilegios con que cuentan algunos…" Ya varias veces he sido detenido junto a ciento de conductores bajo el distribuidor La Araña en la autopista Francisco Fajardo por policías o guardias que trancan la autopista para permitir que alguna camioneta de lujo escoltada por otra se incorpore y pueda circular libremente. Recientemente el periodista Juan Carlos Zapata narró la parafernalia alrededor del almuerzo del otrora comandante Fausto. Personeros y ex personeros del gobierno disfrutan de privilegios que criticaste en 1992 y en los primeros años de tu gobierno. Ahora es normal el uso de aviones, vehículos, choferes, espalderos por parte de jerarcas de tu gobierno. Mientras tanto los venezolanos de a pie somos víctimas de todos los problemas que prometiste resolver pero que hoy nos afectan más que nunca.

"… la falta de castigo a las personas que todos sabemos culpables de haber tomado indebidamente dineros públicos…" De esto Hugo hay una lista impresionante. Carreteras mal construidas en Vargas que han sido malogradas por la lluvia, globos de vigilancia para Caracas que nunca funcionaron, obras inconclusas, gestiones que gastaron mucho dinero que no se ve representado en obras. Las denuncias se han hecho y han recibido tratamiento similar al que criticabas en 1992. No hay investigaciones ni acciones ejemplarizantes.

"… las políticas económicas que colocan en condición deplorable a los venezolanos mas sencillos…" Si algo ha sido nefasto en tu gobierno Hugo es la política económica. El peor desempeño del mundo. Como te lo digo. Créeme. No se puede hacer peor. Para comenzar tu gobierno no tiene economistas. Tampoco tiene planificadores. Tienen unos vendedores de espejitos que te hacen creer que con la explotación del petróleo y ahora del oro vas a tener suficientes recursos para mantener el país. Tienes la peor inflación del mundo. Un sistema cambiario que no beneficia a nadie. Si no crees en los economistas venezolanos, busca uno en España, Italia o incluso China.

Nunca Cuba. Los cubanos no saben de eso y lo demuestran los últimos cincuenta años de pobreza que ha tenido que atravesar la isla con más potencial de riqueza del Caribe.

El gobierno no tiene que estar haciendo carros de tecnología obsoleta como los iraníes, ni tiene que estar ensamblando celulares o computadoras. Esas son empresas que muestran la cortedad de tu proyecto económico que nos está poniendo al final de la cola del desarrollo mundial.

Borra de tu vocabulario dos palabras cuyos significados no dominas. Socialismo y capitalismo. Tienes la oportunidad de modernizarte, aprender cómo se hace en los países que en estos momentos con menos ventajas comparativas nos llevan la delantera. Tienes que zambullirte en la modernidad y abandonar el esquema primitivo de tu ministro preferido.

"… la imposibilidad que tienen los venezolanos para satisfacer sus necesidades básicas…" Esta es la tapa del frasco Hugo. La gente está pasando trabajo. De verdad. Tienen que visitar mercados y mercados. Tienen que estirar los realitos. Se hace imposible conseguir vivienda. Tu política automotriz hace imposible conseguir un carrito. La gente va de centro asistencial en centro asistencial para que lo curen. Ni hablar de la criminalidad. Tu inacción en este tema es sospechosa. No puede ser que la reacción ante la criminalidad sea literalmente nula. No tomas ni siquiera acciones espectaculares. Destituir un ministro, un jefe de policía, algo… Para que la gente crea que al menos el problema te preocupa.

"… la ineficiencia del sistema y de todos los servicios públicos…" Nada de lo estatizado sirve. La CANTV empeora su servicio cada vez más. Se atrasa en la implantación de nuevas tecnologías, las llamadas se ligan, los celulares ya no funcionan como antes. Lo de la electricidad es sencillamente patético. Tu declaración al respecto más patética todavía. A mí me induce a pensar que en doce años en el poder no aprendiste mucho. Lo que pasa con la electricidad tiene su origen en la ausencia de planificadores en tu gobierno. Pídele a tu planificado mayor, a la sazón ingeniero electricista, que te muestre su título de planificador. No lo tiene. El problema eléctrico actual lo demuestra. El deterioro de las carreteras, las fallas del metro, el tráfico, un deficiente y a veces inexistente alumbrado público. Aquí Hugo las cosas están muy mal. Me ofrezco a acompañarte y mostrarte.

"… en fin el desconocimiento de nuestra soberanía en todos los terrenos…" De soberanos solo la grandilocuencia. El hampa nos tiene sometidos. Quiero recordarte que la soberanía reside en el pueblo. Es el pueblo el que es soberano. Las declaraciones contra el imperio americano no son suficientes. Nota que especifico el imperio americano porque en el mundo hay varios. De hecho, tú tratas con algunos: China, Brasil, Rusia. Es bueno que revises un poco lo que significa imperialismo para que uses el término con propiedad.

No he querido sonar irrespetuoso. Ojalá tengas la oportunidad de leer estas líneas que no son más que una denuncia de una situación nacional muy precaria. Una situación que no está haciendo un país cada vez más vulnerable. Es un llamado a recapacitar para que tomes "… una acción destinada a reivindicar la democracia".

Tienes la oportunidad histórica de reunificar a los venezolanos alrededor de una acción que erradique esos problemas que nos afecten y que borre de una vez por todas el fantasma de la asonada o métodos no democráticos de dirimir nuestros conflictos. Tienes la oportunidad de llevarnos a la modernidad.

(*) Los entrecomillados fueron tomados de la proclama que se le atribuye a Hugo Chávez y que se encuentra en:

http://www.soberania.org/Articulos/articulo_1919.htm

06/09/2011

8 INGOBERNABILIDAD CRECIENTE

En lo personal siempre he pensado que el término ingobernabilidad es muy fuerte para ser usado en el contexto de un sistema político en el que mal que bien hay instituciones que fungen como garantes, al menos en el papel, de la vigencia de la constitución.

Sin embargo, Venezuela ha entrado en una situación en cuanto a la relación de los habitantes con el gobierno que dista mucho del equilibrio que debe existir en términos de demandas y políticas dirigidas a satisfacerlas.

La cúpula de la clase política gobernante se empeña en poner en práctica una agenda que en nada se encuentra dirigida a resolver los problemas por los cuales fueron electos hace ya doce años. Por el contrario, se comportan como un ejército de ocupación. El trato hacia los venezolanos es corrientemente irrespetuoso en diversas dimensiones.

Irrespetuoso porque los problemas que más afectan a los venezolanos son soslayados o peor aún, manejados comunicacionalmente de forma tal que se busca eludir la responsabilidad que el gobierno o funcionario turno tiene en la resolución de cualquier asunto en particular.

Es así como vemos que al poner una autopista en funcionamiento el ministro del área hace alusión a que la misma estuvo esperando 30 años por su finalización. Busca achacarle los gobiernos anteriores los doce que se tardo este ineficaz gobierno en poner la vía a disposición de los usuarios. Sobre eso no se explica nada. Se escurre el bulto y no se asume responsabilidad alguna.

El tratamiento comunicacional del problema de las cárceles está orientado en el mismo sentido. El presidente y ninguno de sus ministros se sienten aludidos por este problema que pone a Venezuela como un país en el cual existen condenas peores que la pena de muerte. Para el asunto de las prisiones se acaba de crear un ministerio como una treta para comprar tiempo en cuanto a darle solución a la aguda problemática. Sin embargo, vemos como los presos siguen retando la autoridad del estado en la administración de estos recintos donde parece evidente que reina un modus vivendi que nada tiene que ver con la legislación venezolana. Aquí no podemos hablar más que de ingobernabilidad. El estado ha perdido el control de los penales porque entre otras cosas no tiene en ellos el monopolio de la violencia que les es discutido nada más y nada menos que por los reos.

La criminalidad hace rato que se le fue de las manos a un gobierno que ha demostrado una incompetencia supina en el manejo del problema que más afecta la percepción del público. Aquí toca decirles a los encargados de este problema que cuando la gente percibe el crimen como un asunto preocupante no es por culpa de los medios. Es porque a diferencia de hace algunos lustros, las encuestas demuestran que un alto porcentaje de venezolanos ha sido o conoce a otro que ha sido víctima del hampa. Limitarse a echarle la culpa al capitalismo, a los gobernadores de estado, los alcaldes e incluso a las mismas víctimas pone de manifiesto lo que la mayoría sospecha: el gobierno no tiene una política efectiva para el combate de la delincuencia. Y los maleantes lo saben y se aprovechan de ello.

Compiten con el estado por el monopolio de la violencia. Lo retan. Después de todo, las medidas que toma el gobierno son de aficionados. Prohíben el porte de armas como si los delincuentes usaran las suyas con permiso. Fundan una policía nacional cuyo radio de acción es equivalente al de algunas policías municipales y estadales. Dan ruedas de prensa para culpar a otros elementos u otros actores pero nunca para decir que van a hacer con respecto a este problema.

El ministro o los jefes de policía hablan mal de los periodistas, de los medios, de quienes opinan, del capitalismo pero, nunca los vemos decirles a los malandros que los van a meter en cintura. Debe ser porque saben que en la práctica no pueden. La ingobernabilidad se observa a través de ese ejército que desborda las capacidades del estado y roba y asesina ante una burocracia que se queda corta en su accionar.

El Metro de Caracas dejo de ser una solución para la ciudad y sus habitantes para convertirse en un calvario. Un gobierno incapaz fue negligente en la planificación y resultó desbordado por la demanda de los usuarios. Ahora lo que hace es poner parches calientes y dar excusas en forma permanente. Nuevamente se pone en evidencia la pésima ejecutoria del presidente Chávez a lo largo de doce años con un poder casi absoluto.

La política económica da tristeza. El gobierno hace rato aprendió a vivir de la inflación. Es la mejor manera de no ponerse reglas que le puedan atar las manos a un gobierno populista y dispendioso más interesado en mantenerse en el poder que en cuidar el poder adquisitivo del venezolano. Hacen lo que le criticaban al gobierno de Pérez II: se regodean en cifras macroeconómicas que muestran un crecimiento que no se traduce en la mejora de la calidad de vida de los venezolanos.

Insisten en mantener un control de cambios que ha llevado a algunos venezolanos a los tiempos del *'tá barato dame dos*. Resulta más económico comprar en el extranjero, desde ropa hasta almuerzos en restaurantes. Mientras tanto la gente tiene que comprar productos en el país a precios escandalosos cuando se le convierte en dólares al cambio oficial.

El gobierno ha sido derrotado por la inflación y el desabastecimiento. Todo por insistir en la ilusión de que puede controlar. Que el dinero que entra por petróleo alcanza para todo. Mientras tanto, al igual que en los tiempos de Herrera Campins, tenemos elevados precios del petróleo, una gran fuga de capitales y un endeudamiento creciente. Todo dirigido por el ministro de economía más incompetente que conoce la historia de la nación.

Este cuadro que acabamos de describir no está completo. La crisis de la vivienda que la incompetencia política se empeña en empeorar, una infraestructura que resulta fácil presa de fenómenos naturales, una centralización creciente de funciones públicas son elementos que configuran variables de una ingobernabilidad que con esta dirección del presidente Chávez no puede hacer otra cosa que crecer.

Porque estamos en manos de personas que se manejan por el voluntarismo como criterio central. Que carecen de la formación suficiente para entender los problemas que deben solucionar. Porque hay un divorcio entre las expectativas de los venezolanos y las limitadas capacidades de una clase política que ni siquiera se da cuenta de que necesitan que se les asesore.

Con los actuales precios del petróleo los venezolanos podemos aspirar en cuanto a eficacia y eficiencia mucho más de lo que esta clase política liderada por el presidente Chávez puede dar.

13/09/2011

9 COMPRANDO ESPEJITOS

Una de las grandes tragedias que atraviesa el país es la corta visión del líder del mal llamado proceso revolucionario. Para empezar, la vista está dirigida al pasado. Las referencias permanentes a personajes de la independencia indican una mentalidad orientada a pensar que todo tiempo pasado fue mejor. Que por lo tanto es mejor volver al pasado. Retrotraernos a nuestras raíces sin objetivo conocido.

De ahí que no se note en el discurso presidencial un futuro que manifieste otra cosa que etiquetas que al final terminan siendo intrascendentes. El presidente habla de soberanía. Hace suponer que hasta su llegada éramos un país invadido y sometido a la voluntad de otras naciones. Pero, esa soberanía de la que habla el presidente no se traduce en reducción de la deuda externa e interna, en una producción importante de los alimentos que consumimos, en una infraestructura que facilite la producción de bienes y su distribución, una red eléctrica que pueda soportar un crecimiento importante de la industria y el incremento de la calidad de vida de los venezolanos.

Todo esto sucede porque el presidente, como exégeta de Bolívar, no tiene manera de diseñar e impulsar planes que ponga a Venezuela a la cabeza del desarrollo de los pueblos del tercer mundo. Esa grave falta de visión hace de Chávez el principal comprador de espejitos del planeta. Esto porque cualquier cosita sin importancia lo sorprende y porque maneja suficientes recursos para hacerse de esos jugueticos.

De ahí que tanto el presidente como su coro de replicadores digan que la medicina cubana es la mejor del mundo y se proceda a traer médicos, equipos y medicamentos de la isla de Castro. No vamos a negar que el servicio de salud de Cuba sea bueno, pero de ahí a que es el mejor del planeta hay un buen trecho. Con la cantidad de dinero que se ha gastado en esta empresa podíamos haber traído mejores planes y recursos de otros países, como Brasil por ejemplo, y haber fortalecido nuestro sistema hospitalario. Pero Castro hizo su trabajo y le vendió a Chávez el espejito de una medicina que se ha quedado muy por debajo de la que debiera tener un país que cuenta con los recursos de que disponemos.

Los chinos también han hecho su trabajo vendiendo espejitos a Hugo. Desde una "fabrica" de celulares hasta satélites. Los asiáticos han sido tan astutos que han conseguido que Venezuela les financie sus investigaciones. Esto funciona así, China le da un crédito a Venezuela con el compromiso de comprar uno de estos espejitos que se ponen en órbita. Los chinos usan el préstamo que le da a Venezuela para financiar la construcción del juguete. Nuestro país tendrá que pagar luego el crédito y los respectivos intereses. ¿Qué líder que se respete puede hacer un negocio tan chato?

Los iraníes también han hecho lo suyo con una fábrica de vehículos de tecnología obsoleta que no resuelven el problema de la demanda que existe en el país. En cadena de medios el presidente se vanagloria de que estos carros se ensamblen en el país sin mencionar que la totalidad de las partes son importadas. Eso no los presenta Hugo como una gran obra de gobierno que va a sacar al país del subdesarrollo. Y todavía hace falta convencer a la gente de que con Chávez el futuro de Venezuela es muy triste.

El comprador de espejitos ha dado múltiples evidencias de su incapacidad para pensar en grande. Ha mostrado que cualquier proyectico lo sorprende. Incluso la propaganda oficial presenta una afligido cuña que promociona los magros logros de este proceso político. Si lo que aparece en esa pieza publicitaria resume lo que ha hecho este gobierno, tienen razón quienes lo califican como el peor de la historia venezolana.

Venezuela ha saltado al pasado. Y sigue retrocediendo. La educación, herramienta de desarrollo, es para este gobierno un simple instrumento político al que no le presta mayor atención. De ahí hoy comiencen las actividades escolares con tantas deficiencias y que los maestros sean de los peores pagados del continente.

La infraestructura no mejora. Caracas se ha hecho todavía más invivible. No hay un sistema de transporte adecuado. No hay una vialidad adecuada. No se puede caminar de un lugar a otro sin estar sometido a los peligros de no tener una acera o un paso peatonal adecuado.

La inseguridad se ha desatado de una forma que reta la capacidad del estado para mantener el monopolio de la violencia. Muchos de los crímenes son resoluciones de conflictos por vía extra legal. Personas que se hacen justicia por su propia mano. Como en el siglo XIX.

La falta de visión de grandeza de esta precaria y primitiva clase política nos conduce a un lamentable estado en el cual podemos terminar siendo víctimas inertes de potencias medianas que puedan necesitar nuestros recursos. Y, como en lo militar también hemos retrocedido muchísimo, el peligro que se cierne sobre Venezuela no puede ser descartado. Eso a pesar que el comprador de espejitos ha endeudado al país adquiriendo una cantidad de armas rusas. Armas como las que tenía Saddam cuando en 1990 se atrevió a desafiar al mundo invadiendo Kuwait. Fue una guerra de las armas del futuro contra las armas del pasado.

Debemos planificar con grandeza. Un país con tantas riquezas como el nuestro merece más. Lo primero que tenemos que cambiar es de clase política y se nos presenta una excelente oportunidad de hacerlo el 7 de Octubre de 2012 cuando la mayoría de los venezolanos le dirán no al pasado.

19/09/2011

10 ¡UNIDAD!

El acto de la Mesa de Unidad Democrática del día 26 de Septiembre marca un hito en la construcción de una estrategia política para alcanzar el poder por la vía electoral en un ambiente que le es adverso.

Este acuerdo unitario merece el reconocimiento de todos los venezolanos independientemente de su filiación política. Sobre todo porque significa un compromiso de jugar el papel de una oposición leal a las reglas de juego establecidas. Aún cuando, lamentablemente, el Consejo Nacional Electoral no hace sus mejores esfuerzos para ganarse la confianza de los electores. En este momento aprovecho para recalcar que la confianza es un intangible que se conquista, se gana normalmente a través de acciones que le hacen sentir a las personas la seguridad de que un ente se va a comportar según lo esperado.

La Unidad (con mayúscula) que ha venido construyendo una clase política que ha comprendido que se debe a un pueblo que se constituye en elector es el instrumento más importante para maximizar las probabilidades de conquistar el poder en las elecciones de 2012. Este proceso tiene enemigos naturales. De ahí que ya vimos al presidente atacarla de forma directa. Y, es que el gobierno ve en esta voluntad unitaria una amenaza a su intención de permanecer en el poder.

Se vuelve a repetir desde el gobierno y sus seguidores las letanías que buscan descalificar a la unidad. Se les atribuyen características anti democráticas. Se les quiere presentar como golpistas o como no dispuestos a reconocer un resultado electoral que les pudiera resultar adverso.

Parecieran que para armar su estrategia comunicacional se pararan frente a un espejo. El presidente se vanagloria de haber conducido el fallido intento de golpe de estado del 4F y de haber reincidido participando en el del 27N. Ha premiado a muchos de sus compañeros de faena con cargos y con impunidad. ¿Qué moral tiene Chávez para llamar a nadie golpista?

Se entiende como derecho inalienable de la oposición y de todo individuo querer que el presidente salga del poder en las elecciones de Octubre de 2012. Eso, apreciados seguidores del proceso, no es golpismo. La práctica opositora es, para que lo aprendan, el libre ejercicio de derechos políticos previstos en la Constitución de 1999.

La otra martingala (marrullería) tiene que ver con que supuestamente la oposición no reconocería el resultado electoral. Esto nuevamente se ve en el reflejo de la imagen especular de Chávez. Todo el mundo recuerda la reacción del presidente ante los resultados del referéndum de 2007. Al final desconoció el resultado electoral al imponer por vía legal las reformas que quería introducir. Y para lo de la reelección indefinida volvió a hacer otro referéndum. ¿Desconocimiento de qué? ¿De parte de quién?

¿O no fue un desconocimiento de los resultados electorales el quitarle atribuciones a la Alcaldía Mayor que perdió Aristóbulo? ¿Y quitarle atribuciones a las gobernaciones y alcaldías? ¿Y la ley habilitante después de haber perdido la mayoría absoluta en la AN? Usted si sabe de desconocimiento de resultados electorales presidente.

Lo cierto, es que hay Unidad. Una comprometida con la democracia. Pero que no se chupa el dedo. Que vigilará lo que tenga que vigilar. Que denunciará lo que tenga que denunciar. El ataque no es a las instituciones. No es desconocimiento.

Es, nuevamente, el derecho irrenunciable de pedirle a quienes conducen las instituciones que se comporten de acuerdo a la Constitución y las leyes.

Que la Unidad les cause intranquilidad. Es posible. Pero solo porque en una campaña electoral los seguidores del mal llamado proceso revolucionario se la van a ver muy cuesta arriba para defender el peor gobierno de Venezuela en doscientos años.

9/27/2011

11 HIJOS POBRES DE PADRE RICO

Uno de los peores males que explica la situación venezolana de los últimos setenta años es la apropiación por parte de las clases políticas de las inmensas riquezas del país. La administración de las mismas de una forma voluntarista y haciendo caso omiso a la potencialidades de desarrollo del territorio y su gente, ha hecho de estos actores unas sabandijas que se alimentan de un flujo inmenso de dinero mientras someten al pueblo a restricciones y calamidades.

Viendo las cifras fantastillonarias que han ingresado al país desde el auge de la riqueza petrolera, es difícil entender la precaria situación de los hospitales y del sistema de salud en general. El fin de semana, Chávez cual presidente recién llegado ofrecía sistemas de salud gratuitos en cada uno de los estados. Promesa idéntica a la de los gobiernos anteriores. Sin dejar de lado, si me perdonan el inciso, que este gobierno ya tiene más de dos lustros de antigüedad. Más precisamente, dos gobiernos y medio de los de la era democrática. Lo cierto es que el venezolano, independientemente de su estrato social, teme enfermarse para no enfrentar la suerte que le espera en los entes encargados de la salud. Lugares donde recibirá un cuidado muy por debajo de los estándares internacionales y más bien propio de países muy pobres.

Hemos venido hablando de la infraestructura inmobiliaria y mobiliaria. El peor error de Chávez le está explotando en la cara. En su habitual costumbre de no respetar la voluntad popular, le quitó a las gobernaciones y alcaldías muchas funciones para comenzar un proceso de recentralización. Decidió el presidente aumentar de una forma considerable su área de incompetencia. Así como lo escribo. Tareas adicionales con las que no puede cumplir. Como no cumple con las otras que le son inherentes. Se le alejo al ciudadano el centro de toma de decisiones. Se le puso lejos el poderse quejar con eficacia política. El padre rico se goza los reales y no nos da lo que nos corresponde.

Es por eso que vemos carreteras que colapsan a lo largo y ancho del país. Vías de comunicación que se van deteriorando. Tiempos de viaje que van aumentando considerablemente. Antes se podía llegar de Caracas a Puerto La Cruz en cinco horas. Ahora hacen falta siete u ocho. El tráfico en las ciudades es un asunto dejado por la libre sin que gobierno alguno se ocupe. Se pierden horas y horas de choferes y pasajeros. Una calidad de vida paupérrima para quienes no pueden aprovechar el tiempo para descansar después de una larga jornada de trabajo. El puente sobre el Lago de Maracaibo sufre los estragos de la incompetencia centralista.

En donde el gobierno no da pie con bola es en el asunto de la alimentación. Parece que para optar a este ministerio el requisito es ser un desentendido de la situación dispuesto a declarar cualquier cosa. Este fin de semana el que finge ser ministro de la alimentación dijo que en Venezuela no había desabastecimiento. Yo lo invito ministro. Venga conmigo. A donde yo lo lleve. No a donde usted me quiera llevar. La peor política de este gobierno es la de este sector. Mientras que el presidente y sus ministros no tienen problemas de abastecimiento, las amas de casa hacen peregrinaciones para completar la lista de productos que necesitan para la dieta familiar. No hay leche, no hay aceite vegetal, preferiblemente de maíz, no hay azúcar, la carne muy limitada, la oferta de cereales escasa. Da lástima ver los supermercados con estantes llenos del mismo producto. El café Madrid ya no es de la misma calidad. En resumen, para papá gobierno todo lo mejor, para los hijos lo que se encuentre por ahí.

El asunto de la flota aérea venezolana clama ante los ojos de Dios. No es casualidad que los aviones presenten problemas y fallas. El INDEPABIS debe cumplir su verdadera misión e interpelar a CADIVI para ver por qué no entrega los dólares que necesitan las aerolíneas para mantener los aviones en óptimo estado como requieren los hijos de un papá rico. Lo cierto es que vemos como este gobierno se da el tupé de interpelar a las aerolíneas como si ellos no fuesen los verdaderos responsables de la debacle. Los venezolanos debiéramos contar, como el presidente, con aviones nuevos que cubran eficientemente las rutas nacionales. Pero, somos tratados como los hijos pobres que nos tenemos que conformar con un servicio menos que mediocre que pone en riesgo nuestras vidas.

Caso idéntico se dio con CONFERRY. Como añadido a su proverbial mal servicio, las naves no cuentan con el adecuado mantenimiento porque hace falta que algún funcionario cadiviense, muy probablemente ignorante en la materia, apruebe los dólares necesarios para mantener un adecuado stock de repuestos. La brillante salida de Chávez: ¡exprópiese! Sigamos aumentando nuestra área de incompetencia. Sigamos engordando a los niveles de que no podamos movernos más. Total, a los hijos pobres que se conformen con lo que hay. No debe sorprendernos que el servicio sea peor. Que los margariteños tengan severos problemas de abastecimiento.

Otro campo en el cual el venezolano debe conformarse con la limosna de la clase política es de la vivienda. Este lunes escuchamos al presidente contento porque se habían registrado más de dos millones y medio de familias en la misión vivienda. Viéndolo desde otra perspectiva se desnuda la incapacidad del gobierno para atacar un problema que desde que llegó al poder en 1999 no ha hecho más que crecer. Por vivienda digna se entiende una petro-casa o una solución de setenta metros cuadrados. Nada que se pueda comparar a los desarrollos de Casalta o Caricuao para dar dos ejemplos de gobiernos anteriores.

Otro verdadero reto para INDEPABIS es CORPOELEC. El servicio prestado es sencillamente deplorable. Y el papá rico en vez de remediar el problema nos castiga con multas, racionamientos y electrodomésticos dañados. ¿A quién recurre el hijo pobre? Los organismos del estado hace mutis por el foro y los pobres venezolanos a conformarse con lo que hay.

Lo cierto es que mientras nuestro presidente saudita se da la vida de un emir, viaja en avión nuevo óptimamente mantenido, viaja en vehículos de primera debidamente acondicionados, consume los mejores alimentos, hace regalos dispendiosos a sus camaradas de otros países, nosotros los venezolanos tenemos que conformarnos con una atención de segunda desde el punto de vista de la política pública. El papá rico nos trata como hijitos recogiditos que tenemos que conformarnos con lo que él nos quiera dar.

Los recursos con los que cuenta Venezuela nos dan el derecho a aspirar más. A ser hijos que gozan del beneficio de manejar las riquezas que son de todos. Que se invierta en una infraestructura de primera. Que tengamos acceso a la mejor calidad que el dinero pueda comprar. Es nuestro deber exigir porque después de todo esas riquezas son nuestras y de nuestros hijos.

La nueva clase política que llegue al poder en 2012 tiene el reto de potenciar las expectativas de los venezolanos. Velar por que no se conforme con poco. Usar el poder económico de un gobierno rico para incentivar el crecimiento del venezolano hacia una calidad de vida propia del primer mundo. Muy distinta a la ruta de miseria por la cual nos quiere llevar este remedo de revolución que estamos viviendo.

10/04/2011

12 REVOLUCIÓN PARA NO CAMBIAR

La bandera política enarbolada por el presidente Chávez apenas llega al poder es la de la revolución. Una especie de copia al carbón del proceso político que se llevó a cabo en Cuba y cuyo único propósito en el caso venezolano es mantener al líder en el poder a como de lugar hasta que el cuerpo aguante.

Lo primero que hay que resaltar es el carácter personalista del proyecto. Más que el interés de lograr el desarrollo del país, priva el culto al líder, su alabanza permanente complacerle sus deseos a todos los niveles. Y para ello dice Chávez, tuvo que hacer alianzas con un pañuelo en la nariz. No importa si me uno a indeseables con tal de que me lleven al poder. El fin justifica los medios pues. Y quienes lo siguen están con él porque de otra forma no serían más que cadáveres políticos insepultos.

A menudo, muchas personas me comentan que Chávez es una persona muy inteligente y que toma medidas muy audaces que lo ayudan a mantenerse en el poder. Siempre contesto que lo que demuestra el presidente en estos casos no es inteligencia. Es más bien su deseo exacerbado de mantenerse en el poder al costo que sea. Acompañado este deseo por una falta de escrúpulos que resulta sobrecogedora. Esto sin olvidar los consejos del sátrapa de Cuba que vio en el líder del PSUV el instrumento para hacerse de Venezuela sin tener que disparar un tiro.

Estos dos ingredientes explican el por qué Chávez ha llevado al país al borde de los peores momentos que ha vivido desde el punto de vista social, económico, político y de sus relaciones internacionales. Todas las acciones de su gobierno están justificadas en el marco de esto que él llama revolución.

Es así como vemos los altísimos grados de descomposición social en el que se cometen crímenes de todo tipo sin que medie la acción del gobierno para impedirlos o en todo caso para someter a los delincuentes a la justicia. Robos, atracos, violaciones, vejaciones, asesinatos se han incrementado en Venezuela de una forma inusitada. Chávez en su pequeñez intelectual se limita a culpar a los gobiernos anteriores y a quedar ante la gente como que no tiene nada que hacer al respecto. Sigue hablando como si hubiese llegado al poder esta mañana.

El deterioro de la economía es una cuestión que los venezolanos viven día a día. En tiempos en los cuales el precio del petróleo llega a precios nunca vistos, los venezolanos tienen que conformarse con una limitada oferta de artículos de consumo generalmente de inferior calidad. El aparato productivo nacional ha sido desmantelado no vaya a ser que se hagan ricos y quieran financiar grupos políticos que quieran competir por el poder. La moneda no tiene valor. Como no lo tiene cualquier signo monetario que no sea fácilmente intercambiable. De ahí que el boliviano, moneda de Bolivia, sea más fuerte que el bolívar al menos desde el punto de vista de su capacidad de ser cambiado libremente (7 por US$).

El control de cambio, raíz de todos los problemas económico que sufren los venezolanos es lo más lejos que puede llegar la mente de un ministro de finanzas que de economía, electricidad y planificación no sabe ni el significado de las palabras.

La corrupción política en Venezuela campea como nunca antes. El gobernador de Apure abandona el cargo como si nada. Un ex juez del Tribunal Supremo anda fugado por una supuesta estafa a la nación y no se sabe mucho de los esfuerzos para someterlo a la justicia. Un diputado renuncia al PSUV para ser nombrado procurador y nadie cuestiona su independencia. Una funcionaria hace lo mismo y es nombrada rectora del CNE y nadie cuestiona su independencia. La moral y la política siguen divorciadas.

En relaciones internacionales hemos caído en el foso de juntarnos con lo peorcito. Sin saber que rédito nos produce. No parece que mucho, salvo que ahora Venezuela figura como país por el cual circula libremente la droga como parece corroborar la frecuente incautación de grandes alijos de estas sustancias. Se nos ha acusado de ser refugio de guerrilleros. El secuestro es un delito fuera de control en nuestras fronteras.

Y uno tiene que preguntarse ¿Cuál revolución? ¿Qué ha cambiado? ¿Qué problemas hemos superado?

Ninguna revolución. La palabra es una simple etiqueta para un proyecto político que en sí mismo no es más que eso: una etiqueta. Un proceso que no ha erradicado ni uno solo de los problemas que llevaron a Chávez al poder en 1998. Una aventura que ha hecho que el país retroceda en forma peligrosa en una cantidad de materias.

Retroceso que pone en tela de juicio nuestra capacidad de mantener nuestra soberanía. Porque no se puede hablar de país soberano cuando los malandros tienen más poder de fuego que las policías. No se puede hablar de señorío sobre nuestras tierras cuando las mismas están a merced de grupos que las reclaman como territorios liberados. Peor aún cuando esos lugares están a escasos cientos de metros a vuelo de pájaro del palacio de Miraflores. No podemos hablar de capacidad de autodeterminación cuando nuestros alimentos en una altísima proporción vienen del exterior. No podemos hablar de imperio de nuestra constitución cuando los planes y acciones de gobierno se consultan permanentemente con La Habana.

Lo cierto es que al final nada ha cambiado. Si retomáramos el discurso del entonces candidato Chávez en 1997-98, encontraríamos que el mismo se queda corto para condenar la situación actual. Existen cúpulas de poder, cogollos que toman decisiones a espaldas del pueblo, una corrupción desbordada, escasez, alto costa de la vida, crimen desbordado, deterioro de lo que ya estaba y mejor pare usted de contar.

Un fracaso total por seguir ciegamente a un hombre que solo tiene en su mente una etiqueta.

10/12/2011

13 CON CHÁVEZ NO HABRÁ DESARROLLO

En 1998 el hoy presidente Hugo Chávez recibe un mandato preñado de oportunidades para el país. Le tocaba sustituir una clase política que ya había sido previamente liquidada por Rafael Caldera en las elecciones de 1993.

Con la fe de la gente depositada en una persona que representaba para la mayoría de los venezolanos el cambio para mejor, nos embarcamos en un proceso político que ha devenido solamente en eso: un proceso político. El mismo presidente hoy, siete de noviembre de 2011, dijo de pasada "…**nos dejamos enganchar mucho con la batalla política**…" Y en realidad no hacen más que eso. Mirarse el ombligo. Lo mismo que llevó a los partidos tradicionales al vertedero de la historia: la política como un fin en sí misma. Sin el propósito de servir a la gente. Envés, con el objetivo de vivir de los sueños, las esperanzas y las expectativas de ese pueblo que los mantenía en el poder.

Chávez no vino a cambiar esa forma de hacer política. Cuando se revisan los muy magros resultados de su gestión, el balance es absolutamente negativo en una cantidad de indicadores que afectan fundamentalmente la calidad de vida de los venezolanos. Venezuela puso la marcha en reversa y todavía no se detiene.

Y me atrevo a decir que la responsabilidad de este retroceso continuo recae únicamente en la persona del presidente Hugo Chávez. Y es así porque su ideario y su mente se encuentran ubicados en el siglo XIX. Y su objetivo parece ser, llevarnos a esos momentos de confrontación permanente. A estadios donde perdimos vidas, recursos y tiempo dirimiendo diferencias políticas por medio de montoneras y golpes de estado.

No hay en el presidente mentalidad de futuro. Estoy convencido de que no puede responder una simple pregunta: ¿cuál es su visión de Venezuela en el año 2018? Eso para ponérsela fácil. Por lo pronto le puedo contar que a partir de sus políticas yo veo al país en siete años, sumido en el atraso, con una infraestructura muy por debajo de las necesidades del país. Con una economía que dependerá en un 98% del sector primario, es decir de la minería. Con una población parroquial, poco educada e incapaz de enfrentar los restos del momento globalizador que ineluctablemente enfrenta el planeta a pesar de los esfuerzos de Bono y otros ilusos por el estilo. (por cierto, ¿qué sería de Bono sin globalización? La combate pero de ella vive)

Venezuela se encuentra en este momento en una encrucijada. O tomamos el camino de poner en marcha políticas destinadas a sacarnos del subdesarrollo y apartarnos del rentismo, o nos dedicamos a vivir pobremente de lo que la industria petrolera pueda producir, sometiéndonos al vaivén de la oferta y la demanda sobre la cual no tenemos mayor control. En otras palabras, o tomamos las riendas de nuestro destino o nos abandonamos a los avatares de la incertidumbre.

La política de Chávez, sobre todo en lo económico, gira alrededor de mantenerse él y sus amigos en el poder. El inefable Aristóbulo Isturiz lo informó así cuando dijo que si desmontaban el control de cambio los tumbaban. En otras palabras, estos negligentes ponen su deseo de estar en el poder por encima de las necesidades de los venezolanos. El control de cambio no ha evitado la fuga de capitales. Por el contrario, nunca como ahora se fugan tantas divisas del país. Los venezolanos somos unos minusválidos cuando se nos compara con cualquier latinoamericano que puede usar su tarjeta de crédito en cualquier parte del mundo sin más restricciones que su límite de crédito y su capacidad de pago.

Con venezolanos que se forman para venerar a un líder decimonónico en una cultura de valores pretéritos y no ajustados a la realidad mundial, se tiene que decir que el país está irremisiblemente condenado al peor de los subdesarrollos como ya lo indican cantidad de indicadores internacionales.

¿Es Chávez capaz de llevarnos al desarrollo? Definitivamente no. Lo denuncia su discurso lleno de etiquetas y lugares comunes y vacio de planes y acciones concretas, con infinitas referencias al XIX. Acaba de descubrir que se pueden construir edificios en laderas y pendientes. ¿Cuántos años de retraso representa ese descubrimiento? ¿Es esa una propuesta para proyectarnos en el futuro como una potencia mundial? Definitivamente, lo que se puede es sentir vergüenza cuando algún vendedor de espejitos todavía es capaz de sorprender a nuestro presidente con antiguallas.

Chávez es incapaz de reconocer la importancia de la iniciativa privada. Le teme al crecimiento de una economía fuerte que dependa poco del estado. No es capaz de manejarse en un ambiente en el cual varios le puedan competir el poder. Es un caudillo del pasado que no está acorde a las necesidades de desarrollo del país. No saldrán de Chávez y mucho menos de Giordani o cualquiera de sus adláteres los planes necesarios para conducir a Venezuela por la senda del desarrollo. Sobre todo, porque no son capaces de imaginarse un país desarrollado.

08/11/2011

14 MAJUNCHISMO PROGRESIVO

Para su cuarta participación en una elección presidencial, el presidente Chávez ha decidido usar la etiqueta descalificatoria majunche. Esta palabra no es más que un sinónimo de la palabra mediocre. Según el DRAE también se refiere a algo de inferior calidad o deslucido.

Muchas personas se preguntan de dónde saca el presidente tantos adjetivos "descalificativos" y algunos hasta se asombran de su creatividad. No hay mucha ciencia en el asunto. El presidente usa un procedimiento meramente especular. En otras palabras, se para frente a un espejo que refleja sus defectos y los de su gestión e inmediatamente se los endilga a sus oponentes.

Lo que sigue es un fácil ejercicio de cómo se le ocurrió el uso de majunche:

1) Se fijo en su política económica centrada en un "estricto" control de cambio que ha traído como consecuencia la percepción de que la moneda no tiene mayor valor, inflación, alto costo de los productos cuando se les compara con otros países y con su calidad y el peor de todos los males, la escasez. Majunche pues.

2) Se enteró de que su empeño de re-centralizar el mantenimiento de autopistas y troncales ha llevado a la aparición de huecos como el de la Francisco Fajardo la semana pasada, fallas de borde que dejan intransitable importantes vías de comunicación, obsolescencia de arterias viales que hace rato tenía que haber sido sustituidas o

creadas vías alternas como la Caracas-La Guaira o la Panamericana. Todo esto por tener un ministro de planificación majunche.

3) Observa el desastre en el que se ha convertido la generación y distribución de la energía eléctrica que producen apagones programados y no programados a lo largo y ancho de la geografía nacional. En su majunchismo no se da cuenta de que sin electricidad la misión vivienda o el programa Su Casa Bien Equipada no tienen viabilidad alguna.

4) Ve morir las empresas de Guayana por la cortedad majunche de su visión del proceso productivo necesario para promover el desarrollo de otras industrias como la de la construcción por poner un ejemplo.

5) Privatiza el canal de todos los venezolanos VTV poniéndolo al servicio de su partido político y de algunas cosas que dicen estar haciendo en el país. Para este majunche canal de televisión y los majunches conductores de programación, no existen los homicidios, no existen los damnificados, no existen los robos, no existen las trancas de tráfico en las grandes ciudades, no están llenas de huecos las calles y avenidas, no se va la luz, no se va el agua. Es decir, según estos majunches los venezolanos viven en el mar de la felicidad.

6) Revisa su gestión y la cantidad de promesas que ha hecho y se da cuenta de que dio su palabra de implantar un excelente sistema de seguridad social. Sin embargo, sus majunches ministros más los majunches diputados muestran una mora de 12 años para cumplir con esta promesa. Eso sin contar su majunche capacidad de supervisar su gobierno y exigir a los sub alternos que se cumpla con lo prometido.

7) Oye su propio discurso y encuentra que promete cosas que no tiene idea de cómo se resuelven. Por ejemplo, promete viviendas sin saber que es una odisea conseguir cemento, imposible conseguir cabillas. Todo por el majunche acto de estatizar empresas que de dedicaban (en pasado) a la producción de enseres para la construcción.

8) Se percata de que está rodeado de majunches por todos lados. Sus ministros, sus colaboradores cercanos, sus diputados, sus

gobernadores, sus alcaldes y para de contar. En medio de tanto majunche no le que más que hablar, hablar y prometer.

Lo cierto señor presidente es que ha conducido usted un gobierno sub majunche. Es decir, por debajo de mediocre, menos que deslucido, de muy pobre calidad cuando se le compara con el que a usted le pueda parecer el peor de los gobiernos que haya tenido Venezuela.

Y es sub majunche porque usted tuvo unas condiciones que hubiesen sido la envidia de cualquier otro líder político. Pero no se podía esperar que de un majunche militar que fracasó en el intento de tomar un edificio el 4 de febrero de 1992 al mando de una tropa de elite, saliese otra cosa que no fuese un gobierno majunche. Mediocre, muy por debajo de las expectativas de la población y muy por debajo de los retos que nos impone el desarrollo mundial.

De ahí que al ver en el espejo tan triste espectáculo no tenga usted mejor ocurrencia que endilgarles a los precandidatos de la oposición el descalificativo pre majunche. Es decir, los que aspiran suceder al majunche. Solo que, en esto de la majunchería, usted pasará a la historia como campeón imbatible.

21/11/2011

15 NO HAY DERECHO…

El presidente se vanagloria todo el tiempo de las grandes reservas petroleras con las que cuenta nuestro país. Hace despliegue de nuestras posibilidades de relacionarnos con potencias de segunda categoría y nos presenta ante el mundo como un país en el cual todos los problemas están resueltos. Nada más distante de la realidad.

No hay derecho a que millones de familias venezolanas tengan que inscribirse en un programa de viviendas del gobierno porque éste ni siquiera se había detenido a ver cuál es el número de unidades requeridas para solventar un asunto de suma urgencia que no ha hecho otra cosa que empeorar en los últimos años.

No hay derecho que en un país, supuestamente rico, la autoconstrucción que constituye la mayor contribución a la solución del problema de la vivienda, se vea afectada porque unos señores en Sidor decidieron parar la producción de cabillas. O que las, en mal momento estatizadas, cementeras no tengan capacidad de proveer a estas familias con el material que necesitan para avanzar en sus proyectos de tener un techo propio sin tener que depender de un gobierno maula que lo único que hace es prometer.

No hay derecho a que millones de amas de casa, padres de familia y público en general tenga que deambular por los mercados, abastos y supermercados buscando leche, café, aceite o cualquiera de los otros rubros cuya aparición en los anaqueles se parece más a un acto de magia que a una política alimentaria que nos haga menos dependiente de las importaciones y de un gobierno incompetente minado de funcionarios que ven en estos trámites de importación una oportunidad para enriquecerse ellos y dejar para dos o tres generaciones.

No hay derecho a que un país que vive de la energía tenga que ver como las empresas se detienen o las personas tienen que sufrir las inclemencias del clima porque al ministro de planificación, a la sazón ingeniero electricista, se le pasara por alto que había que invertir en el sector eléctrico para que por lo menos se atendiera el crecimiento vegetativo. ¿Con cuál electricidad se alimentarán las nuevas casas que dicen que van a construir? ¿Qué medida se ha tomado para solucionar definitivamente el problema eléctrico? ¿Dónde están las nuevas plantas de generación? Más sencillo, ¿dónde está el plan?

No hay derecho a que en un país que ha contado con recursos para financiar programas de salud en otros países, un paciente pierda la vida al caer en un hueco en el Hospital Vargas. Que los médicos vivan en los hospitales una situación de secuestro e inseguridad por un hampa que campea por la libre en esas instalaciones. Que los galenos devenguen salarios de hambre que no se compadecen con la gran responsabilidad que tienen. Que el personal de la salud sea tan mal pagado y mal tratado.

No hay derecho a que se diga que somos el quinto país del mundo con la mayor matrícula universitaria cuando en realidad los estudiantes están recibiendo una educación de cuarta categoría por falta de dotación de los centros docentes, por salarios que no invitan a los mejores a impartir conocimiento.

No hay derecho a que los maestros, que tienen la tarea fundamental de formar la generación de relevo ganen salarios miserables que los obligan a desertar y a dedicarse a otras labores que les ayuden a mantener una mejor calidad de vida.

No hay derecho a que un país con las mayores reservas petroleras del mundo la gente pierda horas de su vida metida en un vehículo, que los niños no puedan dormir porque tienen que recorrer grandes distancias para ir a sus escuelas, que la gente se cocine dentro de unidades de transporte, que el Metro no sirva, que los Metros en otras ciudades no se hayan concluido, que en una sola línea de trenes que llegan a Caracas choquen tres ferrocarriles en un mismo evento.

No hay derecho a que tantos venezolanos sean víctimas de un hampa que reta descaradamente el monopolio de la fuerza y la soberanía al Estado. Mafias criminales que hacen lo que les viene en gana en un clima de impunidad que termina promoviendo el auge del delito como forma de vida.

No hay derecho a que en pro de un ridículo antiimperialismo le estemos entregando el país a potencias con una larguísima tradición imperial como China y Rusia. No hay derecho a que los mandatarios de otros países hagan su agosto con el nuestro por su ambición permanecer en el poder al costo que sea.

No hay derecho a que la clase política gobernante se llene la boca hablando de políticas que no solucionan los problemas de los venezolanos. No hay derecho a que la agenda de estos políticos no coincida con las preocupaciones del pueblo.

No hay derecho a que el presidente ande de cumbre en cumbre y los venezolanos de mercado en mercado, de venta de autopartes a otra, de ferretería en ferretería, tratando de encontrar cosas que en países menos ricos, que ni siquiera tienen petróleo se consiguen con mayor rapidez.

No hay derecho a que el gobierno ahogue a los venezolanos con la excusa de que si de hacen fuertes me sacan del gobierno. No hay derecho a que sigamos siendo gobernados por una clase política primitiva y sin sentido de qué hacer y que solo nos augura un futuro en el que seremos víctimas fáciles de cualquier potencia mediocre que quiera invadir nuestro territorio.

La lista es interminable y desnuda la incapacidad del gobierno de turno y sobre todo la de su líder para generar soluciones a los problemas que padecemos.

El año 2012 viene con vientos de cambio… El voto se convierte en el mecanismo para castigar a una clase política que lo único que hizo fue medrar del erario público en su propio beneficio.

06/12/2011

16 LA POSTERIDAD DE HUGO

A trece años de su victoria electoral, que no golpista, Hugo Chávez llega a una encrucijada de vida que invita a la reflexión y al examen de lo que se ha logrado y de lo que se deja para la posteridad.

Para hacer este breve examen hay que comenzar haciendo mención de las motivaciones del hoy presidente para incursionar en la vida pública venezolana con la intención de dirigir los destinos del país. Los discursos incendiarios de 1998 condenaban la corrupción, los cogollos que tomaban decisiones a espaldas de los intereses de los venezolanos, la ineficiencia, la incompetencia. Una lista de quejas que no se puede negar, tenían asidero en la realidad que se vivía.

Sin embargo, la situación que vive el país no es ni remotamente cercana a una en la cual se hayan eliminado las taras sociales y políticas que hicieron que los venezolanos pensaran en 1998 que era apropiado darle la oportunidad a otra clase política de resolver los problemas que los agobiaban.

El inventario sería muy largo y requeriría documentación con la que para este trabajo no tenemos a mano. No es difícil decir que en materia política los venezolanos hemos retrocedido a mediados del siglo diecinueve.

¿Qué caracteriza la política venezolana en este momento? Lo primero es su caudillo centrismo. Todo gira alrededor de una persona que la da más importancia a su forma de ver y hacer las cosas que a las necesidades y expectativas de una población que se va quedando rezagada con respecto a la de otros países que parecen haber encontrado la senda de un desarrollo sostenido. Este caudillo está mucho más interesado en mantenerse en el poder que en resolver los problemas de los venezolanos. De ahí que solo en momentos electorales se acuerde de la gente. Lamentablemente para crearles un espejismo según el cual su calidad de vida mejorará por medio de dádivas que no van al fondo del problema y que solo promueven antivalores y el consecuente atraso de la sociedad como un todo.

Quizás lo peor de la era Chávez es la promoción de la división cargada de odio y resentimiento. Al igual que los caudillos del Diecinueve, el presidente ha basado sus estrategias politiqueras en mal poner a venezolanos con venezolanos. No ha hecho otra cosa que abusar cobardemente de su condición de intocable para llenar a quienes legítimamente se le oponen de epítetos y descalificaciones. Esto solo pone de manifiesto su incapacidad para el debate. Su poca preparación para lograr el entendimiento. Al gobernar para unos en detrimento de otros, el presidente se deslegitima y no puede pretender que quienes le adversan políticamente lo puedan reconocer en su condición de primer magistrado del país.

Y no es solo el presidente quien se deshace en descalificaciones con quienes criticamos el peor gobierno que conozca Venezuela incluyendo el Cabito Castro, lo hacen también sus seguidores. Esos asteroides opacos y sin luz propia que medran del presidente para mantenerse en el poder y hacerlo mucho peor que la clase política anterior.

Y peor aún, se usan los canales del Estado para, a través de programas de pésima calidad, promover el odio contra quienes critican un accionar de gobierno que deja mucho que desear. Un gobierno que ha perdido la guerra contra la delincuencia. Que ha perdido la guerra contra la pobreza estructural. Que ha perdido la guerra contra la corrupción. Que ha perdido la guerra contra las enfermedades. Que ha perdido la guerra contra el atraso. En fin, que se ha convertido en una frustración más para quienes vieron en el caudillo la solución para Venezuela.

Y no podía ser de otra manera. Esta clase gobernante carece del conocimiento y de las herramientas políticas necesarias para enfrentar los problemas que sufren los venezolanos. De allí que Cuba les luzca como un ejemplo de eficiencia de gobierno. El caudillo del diecinueve ve en un país sumamente atrasado un ejemplo a seguir. Y eso solo se explica en el hecho incontestable de que desde el punto de vista de la evolución histórica, el caudillo no está siquiera preparado para entrar al siglo veinte.

De ahí que la posteridad de Hugo se presenta como el mayor reto que hayan tenido los venezolanos. Recomponer el país pasará por curar las heridas que deja una práctica, que no una política, de sembrar odios y revanchismos. De medrar de los bajos sentimientos de las personas y promoverlos.

El reto de las futuras generaciones es el de saltar del siglo diecinueve al veintiuno y ponernos a la par de esos países que hoy buscan por medios realmente democráticos la real emancipación de sus pueblos..

14/12/2011

17 SOCIALISMO EXPLOTADOR

La etiqueta más usada por el presidente Chávez es la que busca describir el modelo político que desde hace trece años trata de imponer a los venezolanos: Socialismo del Siglo XXI. Ubicar a ese sistema político en la era actual, busca implícitamente diferenciarse del fracaso que significó para la humanidad el socialismo que logró imponerse detrás de la Cortina de Hierro y en Cuba.

El socialismo significa para el presidente el mecanismo justificador de su estancia indefinida poder. Sobre todo el socialismo que se basa en un proceso revolucionario. Uno que se sabe cuando comienza pero no cuando termina. Porque la revolución es permanente y por definición, un proceso inacabado en constante cambio. Y, en función de ese cambio se justifica casi cualquier acción que garantice su permanencia en el poder de la clase política que medra de él.

Justo ahí se termina el socialismo. Cuando se le mete la lupa al proceso político que lidera el presidente, nos encontramos con una especie de ornitorrinco que hace que todo esto parezca no más que el ejercicio de un feroz pragmatismo. ¿Con qué finalidad? Única y exclusivamente mantenerse en el poder.

¿Con algún propósito? Ninguno que le interese a los venezolanos en términos de lo que pudiera esperarse de una conducción que lleve a la solución de los problemas que los venezolanos hemos venido sufriendo, con cada vez mayor intensidad, durante las tres últimas décadas. De ahí que sea claramente visible el que la agenda del presidente es totalmente distinta de la agranda de los venezolanos en general.

El discurso presidencial se queda en superficialidades que de forma alguna atacan esas fenomenales taras sociales y económicas que condenan a nuestro pueblo al ostracismo, la involución y por lo tanto a la vulnerabilidad que sufrieron los pueblos autóctonos cuando se enfrentaron a culturas, que al menos en el ámbito de la guerra, mostraban mayores avances.

Por eso, si algo no podemos esperar de este socialismo es emancipación. Eso no es posible con un líder cuya mente está orientada al pasado. Para quien lo importante es la guerra de independencia de hace dos siglos. Para quien no tiene la formación suficiente para reconocer cuáles son las obras de envergadura que se deben hacer en el país para mantenerse a la par en un mundo en el cual las fronteras cada vez existen menos.

Es así como el presidente dilapida grandes cantidades de dinero en armamento desactualizado y de dudosa calidad preparándose para escenarios que existen solo en su decimonónica imaginación. Un líder emancipador hubiese invertido ese dinero en tener universidades de primera no en unas que producen profesionales que no pueden ejercer.

Y es que la emancipación no sirve a los propósitos de un socialismo que solo explota ese gran pasivo social que se ha venido generando en una Venezuela rica en recursos pero muy pobre en clases políticas capaces de convertir esos recursos en calidad de vida sustentable para todos los venezolanos.

Ese pasivo social se entiende en un déficit habitacional de más de dos millones de unidades familiares según estadísticas del mismo gobierno. Si tomamos en cuenta que ese déficit era de un millón en 1998, el problema no ha hecho otra cosa que empeorar durante estos trece años. La discusión no es entonces si el gobierno hizo o no tantas casas o apartamentos en 2011. Lo que está a la vista es la incapacidad para implantar un conjunto de políticas que solucionen el problema de una forma integral. Eso por supuesto está fuera de las intenciones de un socialismo que está interesado en explotar, medrar de la pobreza que ha generado con su inacción.

Mención especial merece la inseguridad. Cantidad de destacados y respetados analistas insisten en que el gobierno promociona el crimen para mantener a la población y sobre todo a la clase media en estado de zozobra y por lo tanto bajo un esquema de dominación por miedo. Vista la incompetencia de este gobierno eso parece un plan demasiado elaborado y que va más allá de sus capacidades de organización. Lo que pasa es que no hay en este gobierno quien pueda diseñar e implantar una política seria de combate a la delincuencia. El fracaso del gobierno está a la vista: desde la creación de la guardia del pueblo hasta la prohibición de los portes de arma lo que vemos son medidas de aficionados que tienen efecto nulo sobre un problema que daña la percepción que la población tiene del desempeño del gobierno.

Ante tal incapacidad el socialismo explotador apela pragmáticamente a recursos del capitalismo. Crea una ilusión de bienestar a través del aumento brutal del consumo. ¿Habrase visto semejante cosa?

Se monta una feria para vender a precios económicos aparatos eléctricos. Eso está bien. Pero, eso no es socialismo. Es un recurso político para lograr que la gente evalúe al gobierno más a través de un maquillamiento de la calidad de vida que mediante de los problemas que verdaderamente aquejan a la población.

En el socialismo explotador es más fácil y más barato conseguir una cerveza que un litro de leche. Es más fácil conseguir un litro de aceite de oliva que de aceite de maíz. Se emplea menos tiempo buscando una botella de dieciocho años que un paquete de café.

Ni hablar de la relación de los trabajadores con su patrono el gobierno. Los trabajadores de Guayana pasan muchísimo trabajo defendiendo sus reivindicaciones. Los profesores universitarios han visto desintegrarse su poder adquisitivo. Los médicos y personal de la salud tienen que recurrir a toda suerte de mecanismos de protesta para que el dueño del erario público reconozca que no gozan de salarios acordes con el nivel de sus responsabilidades. Ni hablar de los educadores de primaria y educación media, los empleados de la electricidad y de todas las compañías que en mala hora el gobierno ha expropiado o expoliado.

Lo cierto es que este modelo político por el que nos conduce el presidente no es socialismo. Es un híbrido pragmático que se aprovecha de los dólares que produce la comercialización del petróleo bajo un criterio capitalista para financiar una ficción de modelo político insostenible y que peor que cualquier cosa, ha dejado de lado las preocupaciones de los venezolanos.

El socialismo explotador se aprovecha de la madre pobre, del campesino desposeído, de todo aquel que pueda preferir someterse al poder de un padrino que asumir el reto de ser libre. Un socialismo de verdad, hubiese preferido formar al venezolano en la búsqueda de la libertad y no embarcarlo en el ruin proceso de la alienación.

Lo que resulta más sorprendente del líder de este socialismo explotador es que crea que lo ha hecho bien y que en ese sentido tiene derecho a presentarse nuevamente como candidato. Si el presidente hiciese una seria introspección y evaluara las razones que lo trajeron al poder y las comparara con las que él tiene para mantenerse en el poder, le daría uso a sus pantuflas.

04/01/2012

18 UNIDAD A PRUEBA

Mientras nos acercamos al 12 de Febrero sube la temperatura de la campaña mediante la cual los candidatos de la Unidad promueven sus figuras y programas con la finalidad de conquistar la preferencia de un electorado que decidirá quién será el seleccionado para enfrentar al presidente Chávez el 7 de Octubre de este año.

Es evidente que existe preocupación entre quienes se oponen al gobierno actual. Esa preocupación se evidencia en distintos elementos que hacen pensar que la Unidad está en peligro. Y si algo tiene claro los opositores en este momento es que de lo compacto del grupo depende una posible victoria en la campaña presidencial.

Sin embargo, la Unidad parece estar a prueba de las distintas amenazas que se puedan presentar. Eso se deduce del cuidado con el que se han manejado los candidatos a la hora de anunciar sus acciones. A pesar que desde el apoyo de López a Capriles hasta la no firma por parte de Arria del programa de la MUD se han generado reacciones que se pasean por la ruptura del bloque democrático con las nefastas consecuencias que eso pueda causar.

Es claro que del lado del gobierno hay nerviosismo por la elección primaria que se celebrará el Día de la Juventud. Causa perturbación una posible alta participación que se pudiera tomar como una expresión de descontento con una administración que durante los últimos trece años no ha pasado del anuncio de solución de determinados problemas.

El gobierno sabe que quien resulte electo en las Primarias de la Unidad tendrá una legitimidad de origen que le impondrá una forma de actuar. Se verá impropio que el presidente use sus acostumbrados epítetos contra un contendor que tiene el respaldo de nada más y nada menos que de un grupo de venezolanos que decidió participar en el proceso electoral del 12F.

De ahí que el gobierno, en voz de su líder, descalifique el proceso unitario, diga que las primarias no se llevarán a cabo, que los candidatos no calzan las botas de un presidente que, en todo caso, no puede sentirse orgulloso de haber llevado a cabo el peor gobierno de la historia del país por cualquier parámetro de evaluación que se quiera usar.

Se entiende entonces que el ahora privatizado canal VTV use el espacio de todos los venezolanos para denigrar de la oposición, sus candidatos y del proceso comicial del cual saldrá el candidato de la MUD.

Aún así, los venezolanos esperamos del gobierno algo imposible: que juegue limpio. Que ponga el canal de todos los venezolanos a disposición de los candidatos de la oposición como se hace en España, por ejemplo. Y muy importante, que el presidente en una de sus cadenas de radio y televisión se atreva a decir que el voto es secreto. Es decir que los venezolanos pueden votar sin miedo a represalias políticas por parte del gobierno.

De todo lo anterior, se entiende que el primer interesado en presentar una Unidad endeble, que no resiste los embates de una campaña electoral sea un gobierno que no quiere ser evaluado en un proceso electoral durante el cual el voto castigo penderá como la Espada de Damocles sobre la gestión del presidente Chávez.

Varios eventos han causado nerviosismo a lo interno de la oposición. Primero la decisión de López de apoyar a Capriles ha sido tomada inapropiadamente por otros actores políticos en el proceso. Esta alianza no rompe ninguna regla de la política. Es una acción propia de este tipo de eventos electorales.

La respuesta a este evento también ha causado preocupación. Desde algunos sectores se ha tratado de mal poner a quienes hicieron este pacto usando epítetos y descalificaciones que, lamentablemente, pueden constituir elementos a ser usados por el gobierno en la campaña electoral. Aquí el llamado a la sindéresis que debe privar el resto de esta campaña de las Primarias.

También causó preocupación la posición de Diego Arria al negarse a firmar el programa presentado por la MUD. Esto tampoco debe causar nerviosismo. Por el contrario. Arria demostró el compromiso que tiene con sus creencias. Y respetó las dos. No firmó porque el programa no contiene acciones con respecto a su bandera principal: la constituyente. Y a pesar de ello, dijo que aceptaría el resultado electoral y que no sería factor que atentara contra la unidad.

Es así como nos encontramos en un momento en el que se justifica que haya algo de nerviosismo. Sin embargo, estoy convencido de que llegaremos al 12 de Febrero con la fortaleza suficiente para demostrar el compromiso de los venezolanos con la Unidad democrática.

Seguramente la dinámica de la campaña todavía nos depara algunos eventos altisonantes. Pero la madurez democrática de los actores políticos involucrados en este proceso se terminará imponiendo. Al final de la escalera se encuentra un inmenso grupo de venezolanos que ha impuesto la Unidad como vía y como requisito. Eso lo saben los candidatos y los partidos. Es así que la integridad de este bloque democrático está amparada por quien al final justifica la existencia de todo este juego político: el pueblo.

31/01/2012

19 4F: RAZONES VIGENTES

Hay que comenzar diciendo que no hay, en principio, razones que justifiquen un golpe de estado contra un gobierno democráticamente electo que además se comporta dentro de los límites que establecen tanto la Constitución como marco fundamental como los principios y valores del pueblo que le dan sustento y razón de ser.

Durante los últimos años hemos presenciado una tentativa fallida de glorificar el igualmente fallido intento de golpe de estado que se llevó a cabo el 4 de Febrero de 1992. Uno de sus líderes fundamentales, actual presidente de la República, se ha deshecho en justificaciones de esa acción que en todo caso solo puede ser calificada como salto atrás en el desarrollo de las instituciones democráticas venezolanas.

Para tratar de probar tan grave aseveración vamos a hacer un ejercicio de examinar las razones aducidas por los golpistas del momento y ver si hemos podido dejarlas atrás. Antes de comenzar, debo decir que vi en un programa especial de Globovisión al capitán en situación de retiro y actual embajador de Venezuela ante Cuba Ronald Blanco La Cruz, argumentar en el mismo sentido que pretendo en este artículo.

Una de las primeras razones fue *la gestión económica y política del presidente Pérez*. No vamos a entrar a discutir esa gestión. Más bien, nos proponemos ver la de Chávez. Lo primero que podemos apreciar es que no han desaparecido los vicios del pasado. La corrupción campea en la administración pública venezolana. A pesar de las inmensas sumas de dinero que ha manejado esta administración, sobran dedos de la mano cuando se quiere inventariar obras de envergadura realizadas en este largo período de trece años. La economía nunca ha estado tan mal en presencia de tantos recursos. Hasta Giordani se hizo acreedor a la designación como peor ministro de finanzas de la región. La escasez de alimentos y de muchos insumos para la industria hace que el avance de la economía sea lento e ineficiente. La necesidad de contar con una anacrónica institución como CADIVI es de suyo un reconocimiento por parte del gobierno de su incapacidad para implantar una política que genere confianza a los inversionistas y atraiga inversión y generación de riqueza más allá del culillo de Aristóbulo Isturiz. **Razón 1 vigente**.

Sigue como razón **las Políticas Neoliberales Implementadas en el país que produjo un inmenso atraso en la población**. Aunque parezca un contrasentido, vivimos el gobierno más neoliberal de la historia de Venezuela. Sino pregúntese por qué la gente tiene que pagar vigilantes privados o tener guardaespaldas. ¿Se ha fijado amable lector en los carros que van escoltados por guardias motorizados privados? En materia de salud, la lógica anima a quien puede a contratar un seguro. Nadie, incluso el presidente, confía en el sistema hospitalario nacional. Recuerde la denuncia de Hugo Chávez el 13 de Enero del corriente ante la Asamblea Nacional. La de la amiga que tuvo que vender todo para salvar a su hermana. ¿Se dio cuenta el presidente de semejante metida de pata? Los que quieren que la educación sea la vía de ascenso social de sus hijos buscan la educación privada que ha venido creciendo en matrícula de manera sostenida durante los últimos años. Neoliberalismo puro y simple. Pague impuesto y además, no se le ocurra esperar que el gobierno le de servicio alguno. **Razón 2 vigente**.

En tercer lugar *la subordinación de las Fuerzas Armadas ante un liderazgo político que consideraban incapaz y corrupto*. Aquí no hay mucho que explicar. Con decir que altos funcionario aparecen en listados del Departamento de Estado sindicados como capos de la droga debe ser suficiente. Además, la incapacidad es notable. Los problemas que encontró el presidente en 1999 no han hecho sino empeorar. Ineficiencia, incompetencia y negligencia son las banderas de esta administración. **Razón 3 vigente**.

Como cuarta razón se aducía *la utilización de las Fuerzas Armadas, en particular del Ejército y de la Guardia Nacional, en la represión del Caracazo*. No ha habido Caracazo, pero si manifestaciones mucho más grandes en tamaño y en gravedad de los reclamos. Las mismas han sido reprimidas con saña y desbalance de fuerza. El mismo presidente ordenó a la Guardia Nacional echarles gas del bueno a los manifestantes. Los atropellos que hemos visto en estos trece años son de una dimensión inenarrable cuando se dice que estamos bajo un gobierno supuestamente socialista y por lo tanto supuestamente humanista. Todos recuerdan las órdenes de Chávez de aplicar el plan Ávila. **Razón 4 vigente.**

Como justificación adicional se mencionaba *el cuestionamiento a la posición sostenida por el presidente Pérez en las negociaciones relativas a la delimitación limítrofe con Colombia*. Muchos venezolanos vimos al presidente Chávez bajar sospechosamente el tono ante su homólogo colombiano en Enero de 2011. Desde entonces es mucho lo que se dice sobre el tema del diferendo limítrofe con ese país. Ni hablar de las acciones que sin consulta alguna ha tomado Guyana sobre el territorio en reclamación. **Razón 5 vigente.**

Una sexta razón era *el deterioro de las condiciones socioeconómicas de la oficialidad media y baja y de las tropas*. Esta parece más una justificación privada que pone bajo cuestionamiento adicional el uso de las armas para dirimir estos asuntos. En todo caso, el gobierno ha decretado aumentos de sueldos y dado condiciones y beneficios que superan de lejos a cualquier otro sector esencial de la sociedad como la medicina o la educación por ejemplo. Sin embargo las condiciones de vida de la oficialidad baja, suboficiales y tropa no ha mejorado mucho y las ofertas del gobierno se quedan en solo eso: ofertas. **Razón 6 vigente.**

Por último y sin ser exhaustivo, *el empleo de las Fuerzas Armadas en labores como repartición de útiles escolares, becas alimentarias, campañas de vacunación y de arborización, etc.* Aquí si no hay mucho que argumentar. La fuerza armada en Venezuela ha sido usada en todo aquello que al presidente se la ha ocurrida. Desde tomar fundos por la fuerza hasta la venta de pollos en calles y avenidas. Abundar sobre este tema no tiene mayor sentido. **Razón 7 vigente.**

Después de una somera revisión de las razones, casi infantiles, que esgrimieron los alzados para llevar a cabo el fallido intento de golpe de estado, no queda sino llamar la atención sobre las palabras de Blanco La Cruz en ese programa de Globovisión. Si los motivos que los llevaron a la aventura golpista subsisten en este momento, como hemos demostrado, una Espada de Damocles pende sobre este gobierno. Una espada que se expresa en la frustración de millones de venezolanos que ven en este gobierno y su clase política una continuación de aquello que dijeron combatir. Un vulgar y lastimoso: quítate tú para ponerme yo.

Esas vidas que se perdieron en la vergüenza militar del 4F no encontrarán sosiego ni explicación en este remedo de gobierno que hoy nos conduce por la senda del atraso y el subdesarrollo. No podía ser de otra forma con gente que se valió de las armas de la República para traicionar sus ideales.

El 07/02/2012 el doctor Federico Welsch comentó:

> excelente idea la de juzgar a los golpistas de ayer y gobernantes de hoy por sus mismos preceptos y criterios. Esto merece una mayor difusión, al igual que la comparación entre el análisis que hizo Chávez en Los Próceres en febrero de 1999, cuando había recibido la presidencia, con su perorata del pasado mes de febrero donde admite que las deudas de la República con sus ciudadanos siguen iguales. El gobierno que no tiene presente, sino que glorifica algún pasado lejano y hace promesas para un futuro igualmente lejano, con el fin de adormecer al pueblo para que espere la llegada del paraíso en la tierra.

07/02/2012

20 ABOMINABLE

La reacción de este gobierno ante la grandiosa manifestación de rechazo que sufrió el día 12 de Febrero nos indica que no se encontraba preparado para semejante escenario, El régimen fue agarrado fuera de base por un pueblo que se demuestra decidido a enfrentarlo en el terreno electoral.

Todo comienza con el hecho incontestable de que esta clase política no tiene madera democrática. Para ellos la democracia es un medio a través del cual pretenden imponer una dictadura en la que se estará más o menos bien si no te muestras proclive a oponerte a los designios del caudillo.

El cuento sigue por haber dado por cierto las nunca acertadas profecías del sabio de Sabaneta según las cuales no se realizarían elecciones primarias porque "eso" ya estaba acordado con el imperio, los pitiyanquis, los traidores a la patria, los golpistas y manicuristas del país. Y, que en todo caso, de realizarse las primarias, solo votarían los candidatos y su familia más cercana no inscrita en el PSUV.

Lo cierto del caso es que la profecía del nigromante de Miraflores no se cumplió y el pueblo salió en aluvión a manifestar su desacuerdo con las políticas que se desarrollan en la actualidad en el país. Y esa gente es mucha. Porque es la que es víctima de la delincuencia, la que no consigue vivienda ya que el déficit no hace más que crecer, no se da el lujo de enfermarse so pena de, presidente dixit, tener que vender todo su patrimonio para sanarse y mejor paramos de contar.

Habiendo la profecía resultado falsa, era necesario comenzar a remendar el capote, Para ello se designó, por lo que se pudo apreciar en la privatizada VTV, a dos de sus más conspicuos pensadores para explicar que no se podían tener tantos votos en el tiempo en el cual se dieron las elecciones primarias. Que estos dos especímenes se permitan usar los argumentos presentados se puede entender. De ellos se sabe que son lo que Marcuse llamaría hombres unidimensionalizados. Personas alienadas por el régimen que han perdido la capacidad crítica, en el mejor sentido Marxista, y solo funcionan para defender al régimen que los domina.

Lo que resulta inadmisible es que el Ingeniero Cabello se haga eco de estos argumentos. Primero porque es ingeniero egresado de una prestigiosa universidad venezolana. Segundo, porque se dice que es uno de los hombres más inteligentes del régimen. Pero, al oírlo comprendí inmediatamente porque la gestión de este gobierno es tan mediocre. El pensamiento de Diosdado es secuencial. Es decir, él no hubiese acompañado a Ford en la grandiosa obra de fabricar los autos T. Es decir, olvidó el ingeniero de sistema los conceptos de línea de producción y de procesamiento paralelo. Y así, se lanza a hacer suyos los nimios argumentos de los filósofos de VTV C.A.

Demostraron que la acción opositora del día de la juventud los había dejado sin nada que decir. Y en vez de quedarse callados, se dispararon con unas sandeces que harían sonrojar a estudiantes de los primeros días de la carrera de ingeniería.

Acto seguido, se pegaron de una demanda de un candidato X para proceder a tratar de impedir que se quemaran los cuadernos de votación. Un abominable intento de recrear la aún más abominable y tristemente célebre lista de Tascón RIP (Tascón, no la lista que vive y goza de buena salud).

Y en este triste y grosero intento de complacer al caudillo llanero, se lanzaron las huestes de Isea a buscar los cuadernos en el Estado Aragua. Pero, se encontraron de frente con un pueblo dispuesto a defender el secreto del voto. Con gente que ya no tiene miedo. Con personas que quieren vivir en democracia cueste lo que cueste.

Y es ahí cuando se produce el más abominable de los hechos: el intento de complacer al cabecilla del régimen tiene como saldo el sacrificio de un joven que intentó impedir que los esbirros iseanos de llevaron los libros de votación. Este es un hecho bochornoso, inaceptable, impropio de un país medianamente civilizado. Esto tiene que ser debidamente investigado y los responsables, hasta el más alto nivel, debidamente castigados. Sin contemplaciones de ningún tipo. Esperamos que el gobernador de Aragua no salga a decir que la lamentablemente muerte de este joven está dentro de los límites aceptables estadísticamente.

Ya está bueno de los abusos de un gobierno que se empeña en actuar como un ejército de invasión. Les llegó la hora de ponerse a derecho. Mientras tanto presidente, vaya poniendo la casa en orden para el momento de la entrega. Su tiempo se acabó. Con usted muere definitivamente la cuarta república y se le da paso a una nueva clase política conformada por una generación de jóvenes nacidos y criados en democracia.

15/02/2012

21 HACIA EL 7O

El 12 de febrero de 2012 pasará a la historia como el día en que, al menos en apariencia, distintos sectores políticos que se oponen al gobierno del presidente Chávez escogieron a través del voto del pueblo venezolano al candidato que los representaría en los comicios del 7 de octubre de este mismo año.

Llegar a este día no fue un proceso que podamos catalogar de fácil o trivial. Por el contrario, fue el producto de años de aprendizaje, negociaciones y hasta forcejeos que permitieron llegar a un acuerdo unitario al cual todavía le falta resolver algunos asuntos importantes, entre ellos el de la tarjeta única o unitaria.

Podemos decir que el proceso electoral se desarrolló dentro de los patrones comunes a este tipo de contiendas. Vimos un despliegue inicial de candidaturas que llegaron a sobrepasar la decena. Los mecanismos de auscultar la opinión pública sirvieron para ir decantando aspirantes. El retiro previo a la formalización de la candidatura de algunos de ellos fue en sí mismo una demostración de sindéresis y espíritu democrático. No se hacía necesario participar si los guarismos no mostraban posibilidad de desarrollar una campaña exitosa.

De esa forma, llegado el momento de conocer el conjunto de candidatos nos encontramos con seis participantes que de alguna forma representaban distintas posturas de país. Que en sus creencias y valores representaban ideologías variadas y distintas del desgastado e inválido resumen de izquierda vs. derecha. Los encuentros de los candidatos bajo un esquema de presentación de puntos de vista y reacciones a preguntas de periodistas, estudiantes y participantes de redes sociales sirvieron para mostrar diferencias en sus posturas ideológicas y en cuanto a las prioridades que le asignaban a los problemas que sufre la población.

El día de la elección vimos a los venezolanos salir en cantidades importantes a respaldar a sus candidatos a la presidencia, gobernación y alcaldía. Aunque las encuestas mostraban unos niveles de participación altos, la vocería política se limitó a ser conservadora con respecto a la cifra de participación en este evento.

La participación que no se puede calificar de otra forma que ejemplar estuvo mediatizada por esa Espada de Damocles que el presidente Chávez instituyó en Venezuela cuando ordenó la creación de la lista Tascón. Es un signo de democracia enferma el que se haya tenido que prometer la quema de los cuadernos de votación para que la gente se sintiera confiada de votar sin tener que enfrentar luego costos políticos que no deben existir. Queda claro que la institución voto no se encuentra consolidada en Venezuela. Amplios sectores de la población dudan que el voto sea efectivamente secreto, mientras que otros creen que su participación en los comicios les puede generar inconvenientes.

De cara a las elecciones del 7 de Octubre es necesaria una campaña para recuperar la institución del voto como un mecanismo de manifestación de opinión que no esté condicionado por amenaza alguna. Para ello es necesario que todos los poderes del Estado se manifiesten en ese sentido. Debe hacerse saber que es delito amenazar a una persona para ejerza su voto en determinada dirección so pena de tener que afrentar consecuencias en todo caso indebidas.

La necesidad de ofrecer seguridad en cuanto al secreto del voto y que el mismo será contado de acuerdo a la forma en que fue emitido nos muestra como una sociedad todavía atrasada en la cual el ciudadano se encuentra en posición de indefensión frente a acciones de coacción que llevan a cabo desde los partidos políticos, especialmente los oficialistas.

Es necesario destacar la reacción oficialista hacia los altos niveles de participación que se vieron en las primarias convocadas por la Mesa de la Unidad Democrática. Lo primero fue intentar descalificar el proceso de manera tal que se ponía en tela de juicio la idoneidad y seriedad del Consejo Nacional Electoral en la administración del proceso. Esto llevó a la presidente Tibisay Lucena a dar unas declaraciones que de alguna forma no muy contundente validaban los números que la MUD presentó la noche del Domingo 12 de Febrero.

La vocería del gobierno continuó, sin embargo, poniendo en duda los niveles de participación como una forma de descalificar a los ojos de la opinión pública nacional e internacional la actuación de los opositores a Chávez en estos comicios. El argumento central que presentó el presidente de la Asamblea Nacional es que la emisión del voto por parte de un elector toma tres minutos. Y que con el número de máquinas habilitadas era imposible que se obtuvieran más de tres millones de votos en ocho horas.

Este argumento se cayó por su propio peso. Se sabe que el proceso de votación funciona como una línea de producción. Si bien una persona espera bastante tiempo antes de llegar a estar en el acto de votar propiamente dicho, se da una serie de procesos en paralelo que hace que hasta cuatro votantes estén siendo atendidos a la vez.

El sector oficialista no manejó bien los niveles de participación de la oposición desde el punto de vista comunicacional. Lo lógico hubiese sido saludar el hecho electoral como un proceso cívico que se dio en un ambiente de paz y orden. Destacar el papel de las Fuerzas Armadas como ente articulador y custodio del proceso. Felicitar al CNE por un acto que lo legitima ante la oposición venezolano que siempre lo ha criticado y puesto en tela de juicio. Finalmente, destacas que solo en una democracia consolidada en la cual se respetan los derechos ciudadanos, se pueden realizar unas elecciones primarias con las máximas garantías en cuanto a la confidencialidad del acto del voto y la validez del mismo según la opinión expresada por elector.

Perdió así el gobierno, en presencia importante de los medios de comunicación internacionales, la oportunidad de promover el sistema político implantado a partir de la Constitución de 1999, como uno en el cual funcionan las instituciones y en el cual no hay razón alguna para poner en duda las instituciones.

Por el contrario, desde las declaraciones de los más importantes voceros del partido de gobierno, hasta la actuación del TSJ tratando de poner bajo su custodia los cuadernos de votación, acompañado de bochornosos eventos en la ciudad de Maracay que concluyeron con un venezolano muerto, daños a la propiedad privada, manifestaciones de las universidades reprimidas por grupos para policiales que a su vez no fuero enfrentados por las fuerzas regulares del Estado, lo que se logró fue mostrar los vicios de un país en el cual se duda de la separación de los poderes, se conoce de la complacencia con grupos armados que actúan como fuerzas de choques contra los manifestantes, el intento de justificar la muerte del ciudadano y el fallido ensayo de someter al escarnio público a la oposición venezolana.

Hasta aquí nos tropezamos con una institucionalidad que no goza de la confianza de los venezolanos. De ahí que nos encontremos en una Venezuela polarizada no solo desde el punto de vista del antagonismo político. La división que se observa es mucho más delicada e incluso atenta contra la supervivencia misma de la democracia como sistema político. La clase política gobernante se muestra intolerante a la disidencia. No propicia espacios para el diálogo. La Asamblea Nacional donde la oposición cuenta con una minoría de diputados es un espacio en el cual el oficialismo sigue practicando los vicios del pasado y cierra los espacios para la discusión y sistemáticamente impide que se lleven a cabo investigaciones que justifican la acción contralora del parlamento.

Pareciera que el oficialismo pretende actuar en Venezuela como una especie de ocupación que luego de ganar una cruenta guerra, intenta imponer sobre quienes no le siguen un modelo político que no se discute y en el cual las minorías parecen no tener derecho de expresar su descontento sin ser tildadas de apátridas, lacayos del imperio y toda una serie de epítetos que lo único que pretenden es llegar al fondo de las materias y dar por sentado que la voluntad popular está siendo respetada en la medida que es representada por la figura del presidente de la república..

Bajo estas precarias condiciones se llega a un proceso electoral en el que difícilmente se alcanzarán las condiciones mínimas que garanticen una contienda electoral en la que los grupos participantes cuenten con la debida igualdad de condiciones. Ello nos lleva a analizar algunos aspectos no resueltos que, sin duda, tendrán un impacto sobre el desarrollo de las elecciones por venir.

¿Tarjeta única o unitaria?

En el seno de la oposición hay un tema que todavía no ha sido resuelto y que evidentemente es motivo de debate por sus consecuencias. Hay quienes proponen que la oposición se presente a las elecciones con una tarjeta electoral única que represente a todo el movimiento opositor mientras que otros, proponen que haya una tarjeta unitaria que represente a la unidad sin comprometer el apoyo que puedan recibir los partidos políticos en el proceso electoral.

Este no es un asunto menudo y puede representar un escollo para el mantenimiento de un ánimo de unidad en la oposición. Quienes defienden la tarjeta única buscan que el movimiento unitario trascienda más allá de lo simbólico y que los partidarios de las agrupaciones políticas depongan sus posiciones partidarias en pro de la unidad. Sin embargo, esta estrategia tiene varios elementos en contra que es necesario mencionar:

a. La tarjeta única se presentaría en solitario en el tarjetón electoral frente a las distintos rótulos que estarían apoyando al candidato del gobierno o a otros candidatos que sin duda se presentarán para el proceso electoral. Esto de suyo, genera una sensación de debilidad numérica que pudiera afectar la percepción de triunfo de la oposición.

b. Esta tarjeta le quitaría incentivo a los militantes de los partidos políticos que ya no tendrían el aliciente de promocionar a su partido político con el ánimo de verlo crecer en electores a raíz de las votaciones del 7 de Octubre.

c. Quizás más importante desde el punto de vista ético político es que se estaría dando un proceso de exclusión mediante el cual los partidarios de agrupaciones políticas no tendrían el derecho de votar por su tarjera electoral.

La otra propuesta es crear una tarjeta que represente al movimiento unitario de la oposición (que no a la MUD) que permita que la misma tenga un lugar preponderante en el tarjetón electoral. Los partidos políticos tendrían la opción o no de presentar su tarjeta apoyando al candidato de la oposición. Esto permite:

a. Que los independientes puedan votar por la tarjeta de la unidad o por la de un partido político de se preferencia si ese fuese el caso.

b. Que los militantes de los partidos mantengan el incentivo de promover al candidato de la oposición a través de los calores y banderas de sus agrupaciones.

c. Que no se den prácticas excluyentes que puedan poner en peligro el apoyo de algunos sectores a la propuesta unitaria.

Este debate que seguramente ocupará algunas de las reuniones de la MUD pondrá a prueba la capacidad de las distintas agrupaciones políticas para llegar a acuerdos por la vía de la negociación. Tendremos así, un ejercicio que permitirá extrapolar como serán las futuras acciones de gobierno en las cuales seguramente las distintas fuerzas políticas tendrán contribuciones desde el punto de vista de política pública y visiones de país.

Espejismos versus Realidades

La campaña electoral de 2012 va a encontrar a dos sectores poniendo en práctica estrategias bastante disímiles. Por un lado, el oficialismo tiene la tarea de defender la gestión presidencial y para ello recurrirá a un fuerte gasto fiscal con la intención de, paradójicamente, generar a través del consumo una sensación de bienestar y mejora de la calidad de vida que no se compadece con las cifras de los mismos organismos oficiales como el INE y el BCV por ejemplo.

La oposición por su lado tendrá la dura tarea de vender una oferta de cambio que tiene como base los graves problemas que vive el país, y que al mismo tiempo tiene que ganar credibilidad desde el punto de vista de su aplicabilidad. La gestión del presidente Chávez es bastante mediocre y eso lo aceptan incluso sus seguidores. Desde el punto de los problemas que debía resolver, encontramos que la criminalidad no ha hecho más que crecer con el agravante de que lo hace es un ambiente de impunidad inaceptable que pone en tela de juicio la voluntad y capacidad del gobierno y otros entes del Estado para combatirla eficazmente. De ahí que no sea una temeridad decir que el auge de la delincuencia la ha convertida en la industria más rentable del país con el agravante de que su contribución al fisco es negativa.

El mismo gobierno ha reconocido su incapacidad para mantener una moneda fuerte, en la cual la gente tenga confianza. La política monetaria no está respaldada por el incentivo a la inversión privada ya sea nacional o extranjera. Los controles de cambio reproducen las prácticas corruptas del pasado. Generan escasez y dificultades para conseguir alimentos, medicinas, repuestos para vehículos, insumos para la industria, etc. Es evidente que la política económica del gobierno prefiere convivir con la inflación a pesar de los graves costos que la misma tiene para los venezolanos, sobre todo, los más pobres.

El fracaso de las políticas de vivienda del gobierno es estrepitoso. De un millón de unidades habitacionales de déficit que encontró el gobierno en 1999, hemos pasado, según cuentas de los propios entes oficiales, a más de dos millones cuatrocientas mil. En las cercanías de las elecciones a procedido a montar operativos remediales sin ningún tipo de proceso político que lo respalde con el único objetivo de cambiar la percepción de los venezolanos con respecto al manejo que se ha tenido de esta materia. No puede este gobierno mostrar nada de las dimensiones de los complejos habitacionales de Caricuao y Casalta en Caracas para nombrar solo dos de ellos.

Algunos estudios demuestran que las políticas de salud de este gobierno tienen más impacto perceptual que efectivo sobre los indicadores sanitarios del país. La contribución a la red hospitalaria del país es casi nula. Todo se ha invertido en pequeños centros de salud, que si viene es cierto cubren una necesidad, han descuidado la medicina correctiva a gran escala. El mismo presidente denunciaba el fracaso de su gobierno en esta materia durante la sesión de Memoria y Cuenta que se llevó a cabo el 13 de Enero de 2012. Chávez mencionó el caso de una señora enferma cuya familia debió vender sus bienes para que ella fuese atendida en una clínica. Eso no hubiese sucedido de contar el gobierno con un adecuado sistema de salud acorde a los inmensos recursos petroleros que recibe el país.

Estos tres ejemplos bastan para presentar la gravedad de la situación que vive el país en muchos sectores en los cuales la acción del gobierno ha resultado ineficaz por decir los menos. De forma tal que la oposición tendrá que centrar buena parte de su campaña en presentar propuestas de solución a esta ya crónica situación que vive Venezuela desde la crisis de Febrero de

1983.

Política simplificada: la guerra de las etiquetas

Vivimos tiempos de simplificación. La clase política gobernante evita meterse en honduras. Prefiere la superficialidad del discurso de confrontación y culpas al voleo evitando en todo momento llegar ni de cerca al esclarecimiento de los problemas que vive el venezolano común.

Eso explica la culpa permanente a la cuarta república. Los dislates contra todos aquellos que piensen distinto de ellos. El fracasado aparato comunicacional destinado a explicar que todavía se necesita mucho tiempo para resolver incluso los asuntos más triviales. No es raro escuchar a algún personero de la elite gobernante justificando su propia incapacidad a través del manido recurso de culpar a los gobiernos anteriores. Se escabulle así de explicar el por qué esos mismos problemas se encuentran hoy en peor estado que a finales del siglo XX.

Los venezolanos son bombardeados a través de todos los medios disponibles de unas preocupaciones artificiales con la que los cubanos, por ejemplo, han tratado de justificar el fracaso de una revolución que no termina de entregar a su pueblo las promesas de emancipación que hace el marxismo.

Preocupa a la cúpula gobernante la invasión del imperio, la caída del capitalismo, el calentamiento global, la escasez mundial de alimentos para justificar la carestía de los mismos en nuestro país. Hay una diferencia brutal entre lo que preocupa discursivamente la clase política en el poder y lo que ineluctablemente perjudica la calidad de vida de la inmensa mayoría de los venezolanos.

Se llenan la boca con una cantidad de palabras, nombres o frases que a la postre significan nada. Podemos comenzar por la etiqueta mayor: Socialismo del Siglo XXI. Cuando se le pregunta a uno de los miembros de la clase política en el poder su significado, es posible oír casi cualquier cosa menos una definición de este concepto central para el proceso político que dicen llevar a cabo.

El discurso de este gobierno gira alrededor de la dicotomía bueno-malo. Por supuesto, ellos asumen el papel de buenos y dejan para los demás el de malos. Ellos patriotas y los otros escuálidos, vende patria, contra revolucionario, pitiyanqui, etc.

Es un discurso político simplificado que les permite huir de la rendición de cuenta que debieran estar haciendo trece años después de haber llegado al poder. Esta simplificación resulta buena para esos seguidores de Chávez que le han cedido su libertad a cambio de protección.

Pasivo social

Si algo ha dejado la democracia venezolana a partir de 1958 es una cantidad importante de personas que fueron quedando paulatinamente excluidas de los programas gubernamentales destinados a garantizar los derechos a la educación, la salud, la vivienda, etc. Estas legiones de venezolanos se fueron concentrando en grandes bolsones de miseria a lo largo y ancho del país. Estos lugares se fueron convirtiendo poco a poco en focos de atraso y de percepción de que los gobernantes les concedían favores. No aprendieron sobre la exigibilidad de los derechos. No aprendieron que los funcionarios electos y los burócratas son sus empleados y les deben eficacia, respeto y consideración.

Es así como vemos a una cantidad de venezolanos a los que les ha costado asumir la gran responsabilidad que significa el hecho de ser libre. Durante mucho tiempo estas personas no se interesaron en el vincularse a los procesos políticos. Después de todo, en esos avatares electorales había poco o nada para ellos. Se fue formando en Venezuela una masa que estaba segregada y que veía, en el mejor de los casos, con indiferencia a la clase política venezolana.

Todo esto fue ayudando a conformar un inmenso pasivo social que en algún momento le tenía que pasar factura al país. Y es así como hemos visto un aumento preocupante del embarazo adolescente, jóvenes que son fácil presa de la droga, muchacho que se integran en bandas para proveerse seguridad en aquellos lugares donde el Estado no llega. Para estas personas resulta atractivo un discurso según el cual el país es rico. Que si ellos no son ricos es porque algunos vivos se han quedado con parte de su riqueza. Es posible sembrar entre estos venezolanos la miseria de la división en términos de la eliminación del antagonista. Una división que no tolera la existencia política del otro. Una división que termina no siendo otra cosa que una forma de exclusión que esta vez se les aplica a quienes antes pudieron disfrutar de los beneficios del estado.

Bajo este esquema se puede esperar que la campaña electoral gire poco alrededor de los problemas que afectan a los venezolanos y las propuestas para resolverlas y haga más énfasis en las características de los candidatos que pudieran causar apoyos o rechazos entre los partidarios, independientemente de sus posturas programáticas.

La salud del presidente

Hasta mediados del año pasado, los escenarios que se realizaban en Venezuela tenían a Chávez como una constante. Es decir, aparecía fijo en cualquier previsión que se pudiera hacer. Junio de 2011 marca un hito en los esquemas de análisis. El presidente pasa a ser una variable. Esto, por supuesto, lleva a que se prefiguren varios contextos en los cuales los distintos actores políticos interactúan en forma diferenciada.

Un nuevo anuncio sobre la salud del primer mandatario nacional obliga a repensar el año 2012. La primera pregunta a partir de sus alocuciones es si se mantiene su candidatura presidencial. Eso dependerá de los resultados que hayan arrojado la intervención quirúrgica realizada hacia finales de Febrero.

El énfasis que el presidente ha hecho en su agenda personal y el hecho de que la recaída se haya debido a un inadecuado apego a los tratamientos médicos, hace pensar que se le dará más valor a la supervivencia que a la acción política. Eso no quiere decir que se cambie una cosa por la otra o viceversa, Pero en todo caso anuncia una disminución importante de la actividad de promoción personal de su figura que venía realizando.

De ser esto así, el presidente se encontrará en una situación de minusvalía que sin duda tendrá un costo importante en la ecuación electoral. En ese momento no debe sorprender que sus seguidores puedan evaluar la candidatura de Chávez y decidir nombrar a otra figura como contender de Capriles en las presidenciales.

Bajo este escenario la fecha prevista para los comicios puede entrar en revisión por las fuerzas políticas oficialistas. Necesitaría, en principio, tiempo para preparar y promocionar un candidato que Chávez nunca tomo la previsión de tenerlo aunque fuese de reserva para este tipo de casos.

Una vez más, los sistemas políticos diseñados y estructurados alrededor de una sola persona no tienen más remedio que fracasar. Será difícil, en caso de ser necesario, encontrar una persona que calce los puntos de Chávez al menos en cuanto su capacidad de establecer empatía con las masas. De cualquier forma, una candidatura de este tipo no tendrá más remedio que descansar en la figura del líder del proceso como soporte emocional, programático y político. El resultado electoral va a depender de que tanto la población que sigue al proceso chavista sienta que este nuevo aspirante presidencial pueda llenar el espacio que deje el promotor del Socialismo del Siglo XXI.

Queda en el aire la coherencia que pueda mantener el partido de gobierno en términos de sus diferencias y tendencias internas. Si se dificulta arbitrar las diferentes visiones articuladas en una por el presidente Chávez, no nos extrañaría la realización de una primaria en las filas del oficialismo o que se presentara más de un candidato representando a esas toldas políticas que viven bajo la sombra del procesos revolucionario.

Proceso electoral de Octubre

En las elecciones del 7 de Octubre están cifradas las esperanzas de la mayoría de los venezolanos. Por lo tanto, las mismas estarán cargadas de mucha emocionalidad, y serán motivo de debates que en momentos pueden llegar a ser muy duros.

El oficialismo recurrirá a una estrategia que combinará tres elementos. El miedo, usado en varios aspectos y dimensiones. Desde la amenaza del caos si Chávez no está al frente del país, hasta poner en peligro un cargo en la burocracia gubernamental o calificar para algún programa social. Se apelará sin duda alguna a un mecanismo de defender el proceso a través de logros que solo serán notables en el nivel de consumo pero no comprobables a través de la resolución de los problemas reales de los venezolanos. Y, finalmente habrá un ataque inclemente al adversario. El mismo estará lleno de descalificaciones y epítetos para tratar de ponerlo a la defensiva. Al mismo tiempo servirá de acicate para que no se entre en un debate real en cuanto a los asuntos que interesan a la colectividad visto el record deficiente que el gobierno muestra en esta materia.

La oposición viene con una estrategia interesante porque le cambia el juego a que venía acostumbrado el presidente Chávez. Esta vez veremos el contraste entre los candidatos. Sobre eso girará una campaña que sin duda aparecerá como una oferta novedosa ante años de promesas incumplidos y proyecto nonatos o inconclusos.

Todo esto para convocar un voto que de entrada ya se encuentra parcialmente repartido entre un bando y el otro. La conquista es por aquel voto que se pueda seducir a través de la presentación de un proyecto del país en el que se note que hay espacio para desarrollar las expectativas de vida.

En cualquier caso, el 7O Venezuela se juega su destino. Por un lado, la consolidación de un proceso autodenominado revolucionario y por otro un cambio hacia una sociedad, en principio, más parecida a aquellas que se vienen abriendo paso en la América Latina..

24/02/2012

22 SALVANDO EL PELLEJO

Si algo ha caracterizado el proceso de medición de opinión pública durante la campaña electoral presidencial de Venezuela durante los últimos 6 meses ha sido la diversidad de resultados que se presentan y que dan la impresión de responder más a intereses políticos que al objetivo central que es el de servir de referencia sobre lo que acontece en el país en cuanto a preferencias políticas.

Sin embargo, hay un aspecto en el cual coinciden la mayoría de las encuestas. Nos referimos a la tendencia decreciente del favor popular hacia el presidente Hugo Chávez y el crecimiento de los niveles de apoyo del candidato de la oposición Henrique Capriles. Este aspecto deja entrever de entrada un posible efecto de la campaña electoral sobre las preferencias del público.

A pesar de esta coincidencia hay encuestadoras que muestran una diferencia bastante apreciable que contrasta con los niveles de movilización popular que se puede observar en ambos bandos. Además, hay que considerar el efecto que sobre la percepción popular pudiera tener la diferencia en cuanto a la frecuencia de apariciones de los principales candidatos en la contienda.

Otro aspecto que vale la pena destacar es el que tiene que ver con el manejo de los indecisos. Por una parte, las encuestadoras con un relativamente bajo número de personas que reportan no tener una decisión tomada muestran diferencias relativamente pequeñas entre los candidatos, incluso dentro del margen de error de los estudios lo cual permita hablar de un empate técnico y por lo tanto de un resultado electoral que pudiera favorecer a cualquiera de los dos candidatos.

Por otra parte, las encuestadoras que muestran niveles relativamente altos de personas que no han tomado hasta el momento una decisión, presentan diferencias entre los candidatos que resultan menores que el porcentaje de indecisos. Esto lleva automáticamente a que estas empresas se comiencen a manejar en el ámbito de los escenarios. Es así como un comportamiento determinado de quienes todavía manifiestan no haber decidido su voto pudieran inclinar la balanza de un lado o del otro.

Con este artilugio de los escenarios, las encuestadoras tratan de suavizar el impacto que los resultados definitivos pudieran tener sobre su reputación lo cual se puede ver como una jugada que les permite salvar el pellejo a los ojos de la opinión pública en términos de su reputación y capacidad percibida de realizar una tarea que verdaderamente refleje el estado de ánimo de la opinión pública hacia el final de la campaña electoral.

Lo que queda claro es que las encuestas asoman la posibilidad de que cualquiera de los dos candidatos se alce con la victoria lo cual, de suyo, aumenta el interés en esta contienda electoral.

28/09/2012

23 EN SERIO

La campaña electoral de 2012 ya arrancó de una forma u otra. Los candidatos han adelantado lo que serán las líneas de acción para conquistar el voto de los venezolanos. Se vislumbra una contienda bastante reñida en la que la temperatura política puede subir a niveles peligrosamente altos.

Hay que comenzar obligatoriamente comentando la situación de salud del presidente Chávez. Como él mismo anunció en días pasados, no estaba curado, la propaganda que se montó alrededor de su sanación quedó totalmente desvirtuada. En este momento, muchos de sus seguidores querrán creerle que está nuevamente de regreso en plenitud de facultades físicas. Sin embargo, importantes sectores de la población tienen razones para ser escépticos.

El manejo de la enfermedad del presidente ha sido bastante apegado a una visión primitiva de la sociedad. Desde esta perspectiva se piensa que los seguidores y adversarios del presidente se mueven básicamente por emociones. En ese sentido, se comete el error de suministrar informaciones incompletas que no llenan las necesidades de saber del auditorio. Como consecuencia natural de lo anterior, se crea un terreno extremadamente fértil para la proliferación de todo tipo de rumores. No responde este fenómeno a una mera actitud morbosa de las personas. Es más bien, producto de un deseo de reducir los niveles de incertidumbre que se generan con esquemas comunicacionales que buscan preservar un secreto como si de eso dependiese algo más importante que la vida del líder mismo.

Aquí corresponde hacer el primer llamado a la seriedad. La enfermedad del jefe de Estado no es un asunto trivial que puede ser tratado con programitas donde se cuentan chistes y se trata de minimizar la gravedad de la cuestión. Lo cierto es que, dicho por el presidente, padece de cáncer. Una enfermedad que es responsable de más de seis millones de muertes anuales alrededor del mundo.

Trivializar esta enfermedad y su sufrimiento para mantenerse en el poder, es simplificar en grado extremo la política, el cargo de la presidencia de la república y todos los asuntos que están asociados a tan delicada materia. El manejo de la enfermedad del presidente tiene que ser, desde el punto de vista comunicacional, más completo, más veraz y sobre todo muy respetuoso del público al que se le da la información, que es después de todo el que representa el poder soberano de la nación. No hay espacios para remilgos personalistas. No es momento para pensar en mantener el poder a toda costa. Es propicio sopesar todos los elementos que rodean esta situación y tomar la decisión que mejor sirva a los intereses del pueblo venezolano.

El día domingo 4 de marzo de 2012 unos pistoleros arremetieron a tiros contra un grupo de personas que acompañaban una caminata del candidato presidencial de la Unidad Democrática Henrique Capriles Randonski. Este acto salvaje, característico de algunas tribus africanas debe ser condenado al unísono por toda Venezuela, independientemente de parcialidades políticas.

No es posible que ya en la segunda década del siglo XXI algunos pretendan hacer política por medio de la barbarie que caracterizó a seres diabólicos como Atila. Es inaceptable que existan, al abrigo del partido de gobierno, grupos armados que atacan a mansalva a personas que están haciendo proselitismo político bajo las elementales normas de la democracia.

La falta de seriedad en el tratamiento de este asunto vino nada más y nada menos que de las dos personas más importantes del ejecutivo nacional. Cual muchachos que parecieran estar dirimiendo una peleíta en una caimanera de beisbol, ambos funcionarios se dedicaron a dar explicaciones y declaraciones que competían por insulsas y carentes de sentido de Estado.

Aquí la falta de seriedad se hace patente en el nombramiento de dos individuos que demuestran en sus acciones y en el rendimiento de sus respectivas gestiones que no tienen calidad alguna para ser parte del tren ministerial del presidente Chávez. Estos personajes no están a la altura de los acontecimientos. A lo mejor eso explica la tozudez presidencial de no delegar ni por equivocación en estos individuos.

Lo cierto es que el 4 de marzo de 2012 pudo haber pasado a la historia como un día fatídico en el cual hordas oficialistas pudiesen haber asesinado al candidato presidencial de la fuerza política más importante que se opone al gobierno de Chávez. Un escándalo que hubiese puesto a esta administración en el banquillo de los acusados como promotora de acciones que van en contra del libre ejercicio de los derechos políticos más elementales de los venezolanos.

Al final presidente Chávez el mensaje es para usted. Póngase serio. Las cosas no están para juego. Reflexione y tome las decisiones que le garanticen a los venezolanos, que no a usted, un país sin sobresaltos en el cual pueden aspirar a una vida cada vez mejor.

06/03/2012

24 DELICADA SITUACIÓN

El día 5 de abril, Jueves Santo, marca un momento esencial en la política venezolana. En transmisión de la privatizada VTV desde el Estado Barinas, el presidente Chávez tomó la palabra al final de la liturgia.

El discurso del presidente tuvo componentes de información y de ruego. He oído muchos comentarios sobre ese evento. Hay quienes creen que no fue más que un capítulo adicional en un largo proceso de engaño según el cual se nos quiere hacer creer que el líder está gravemente enfermo. Para otros, entre quienes me inscribo, fue una acción desesperada de quien sabe que se le agota el tiempo frente a una agenda de cosas por hacer y decir que se le tornan lejanas.

Como pienso que el presidente Chávez hablaba en serio, vale la pena destacar el hecho de que acepta que sufre una enfermedad terminal. Y aunque en buena parte de su intervención se muestra resignado, saca fuerzas al final para lanzar un ruego desgarrador que en su mismo contenido, denuncia la precariedad de su salud y lo cercano que se encuentra del final de su existencia.

Hago todo este preámbulo para describir en mi opinión la delicada situación que nos disponemos los venezolanos a atravesar. Aparentemente, no hay fuerza humana en nuestro país que pueda hacer a Chávez desistir de continuar en la campaña electoral a pesar de su, por él confesado, precario estado de salud. Eso de suyo, es un elemento que demuestra la debilidad institucional de un país que no es capaz de ponerle coto a una persona que a todas luces está apostando muy alto en su afán de mantenerse en el poder.

Es lógico pensar que la dirigencia del PSUV debe haber invertido algún tiempo en discutir sus posibilidades de mantenerse en el poder con un candidato que difícilmente podrá someterse a las exigencias que implican una campaña electoral. Lo que no debe haber en este partido es la suficiente reserva moral para salirle al paso al presidente y ponerle coto a sus aspiraciones. Después de todo, se debe tener claro que la mayoría de estos dirigentes son cuerpos opacos en el espacio político y necesitan de Chávez para que les de un poco de luz. En otras palabras, muchos de estos dirigentes están tan o más preocupados por la salud de su líder que él mismo.

La confesión de Jueves Santo nos lleva a escenarios de incertidumbre que ya se han visto condimentados con rumores y comunicaciones anónimas que especulan sobre la enfermedad presidencial y proponen inminentes desenlaces.

Lo qué cabe preguntarse en estos momentos es: ¿dónde quedamos los venezolanos ante la posibilidad de que el presidente Chávez deba retirarse a la privacidad de su tratamiento médico y dedicarse a su recuperación?

Si el problema de la sucesión pasa por Chávez, veremos al presidente presionar para imponer a alguien de su entorno. Aquí encontramos dos conjuntos. Por un lado el familiar en el cual hermanos e hijas tienen opción. Por otro, los originarios y todavía leales golpistas del 92. No hay que esperar que las evaluaciones del presidente pasen por lo que más le sirve a los venezolanos y el país. Por el contrario, el asunto pasará más por su visión del proceso y de su figuración en la historia.

Ante estas posibles eventualidades, se abren para Venezuela una serie de derroteros que pueden significar en el mediano plazo un inusitado aumento de la temperatura política con momentos de conmoción social y sus lamentables consecuencias.

El llamado es a la clase política. Es necesario evaluar con frialdad la actual situación del país. Discutir los distintos escenarios que se puedan presentar, y prepararse para los posibles desenlaces que esta delicada situación pudiera tener.

Si fuésemos un país normal, toda esta situación se estuviese manejando con la debida prudencia y el presidente ya hubiese abierto espacio para que se hicieran realidad las cosas que ha propuesto y que al mismo tiempo le ha negado a sus seguidores. Entre otras, la realización de primarias en el PSUV y el desarrollo de una transición normal que evite los sobresaltos por los que el camino de la tozudez promete llevarnos.

10/04/2012

25 CONSTITUCIÓN FALLIDA

El miércoles 18 en la noche muchos venezolanos se sentaron frente al televisor para presenciar como un ex miembro del TSJ se disponía a ratificarnos los que la mayoría ya sabíamos.

Con un desparpajo impresionante, el magistrado Eladio Aponte Aponte nos confirmó a los venezolanos que en nuestro país se practica una suerte de justicia que se moldea según los gustos y necesidades del proceso político revolucionario. Y, que en ese sentido, el proyecto se encuentra por encima de la constitución y las leyes de la república.

Se aclararon muchas cosas. Ya se sabe la razón por la cual la Defensoría del Pueblo no toma acciones contra, por ejemplo, CORPOELEC por la pésima calidad de servicio que presta a los venezolanos. La razón por la cual la fiscalía actúa con celeridad en unos casos mientras se desentiende de otros. La razón por la cual la justicia venezolana puede ser catalogada de cualquier cosa menos de justicia.

Aponte Aponte le gritaba al mundo el fracaso de ese proceso político que se inició en Venezuela con la victoria electoral, que no golpista, de Hugo Chávez. Mucha gente inocente tuvo fe que el país se enrumbaba hacia la superación de los vicios del pasado. El discurso del presidente contra esas rémoras de los gobiernos anteriores así lo presagiaba.

Sin embargo, muchos acontecimientos posteriores nos fueron haciendo sospechar que en realidad el país se conducía hacia otros pantanos mucho más espesos y putrefactos. El ex magistrado nos ayuda a rememorar algunos de ellos. Y es ahí cuando se entiende como llegan unos muchachos disfrazados de militares a los bosques de El Hatillo. Nunca se supo quiénes eran los responsables. Como muchos sospechábamos, no fue más que un burdo montaje para hacer ver al mundo que la oposición tenía intenciones de impulsar movimientos violentos en el país. Lo peor, es de las alturas del poder de donde viene la orden para manejar la situación de la forma que mejor conviniera al gobierno. Esa fue la triste historia del célebre caso de los para-cachitos.

Corrieron estos pobres muchachos la misma suerte que aquellos soldados que engañados fueron traídos en la madrugada del 4 de febrero de 1992 a dar una pelea que no era de ellos. Era la de unos malvados que se aprovecharon del sacrificio de sus vidas y que querían hacerse del poder a como diera lugar y sin que mediaran razones.

Nos cuenta el ex magistrado como se le ordenó condenar a alguien que no tenía nada que ver con los soldados quemados en un calabozo de una instalación militar. No se castigó a los culpables de la quema sino a quien trato de explicar a la opinión pública venezolana lo que pudo haber pasado, ya que el gobierno nunca dio una versión oficial. La vida de un General del ejército y la de su familia fue vilmente trastocada por la justicia revolucionaria que le dio más importancia a sus patrañas que a la verdad.

Los escándalos no cesaban. Y es como vemos estupefactos que nuestras sospechas se vuelven a confirmar en el caso del diputado Mazuco. Otro vil montaje de una justicia que no es tal, de unos señores que han puesto sus intereses políticos por encima de los valores supremos garantizados en la Constitución Nacional.

La guinda del aperitivo: en Venezuela hay presos políticos. Eso se acuerda a altos niveles de la nomenclatura. La jueza Afiuni es una. Paga la furia de Chávez por haber librado libreta de excarcelación contra un enemigo personal. Imperdonable según el caudillo. No había pasado un rato y ya la jueza era rea de esta justicia revolucionaria que hasta el momento no le ha podido probar nada. Pero sigue presa. Por una decisión política. Es decir, una presa política.

Toda esta nauseabunda descripción del ex magistrado vino aderezada con la razón por la cual habló. Y es que le querían aplicar la misma que él aplicó a otros. Y para que no le recordaran aquello de que verdugo no pide clemencia, pegó la carrera para nada más y nada menos que el imperio. Para que lo defiendan. Porque ya no tiene carro blindado, ni guardaespaldas, ni todo el boato que viene con la alta envestidura de la cual fue despojado. Porque no que quería que lo midieran con la misma vara.

Y uno se pregunta: ¿cuáles son los valores de este ex magistrado? ¿En qué cree? ¿Fue que pensó que tenía una especie de fuero especial? ¿Que podía cometer todas esas tropelías e iba a salir liso? ¿Cuál nombre pretende lavar? No pierda su tiempo, su nombre quedó lleno de inmundicia para toda la eternidad.

Da tristeza ver a los balbuceantes voceros gubernamentales tratando de culpar nuevamente al imperio. El ministro de interior confesando que el ex magistrado se le fugó y aun así no hace ni la finta de poner el cargo a la orden. Maduro no atina a decir nada coherente. Incluso sugiere que el ex juez es vocero de la oposición. Se vieron desnudos, desarticulados. Peor aún, se vieron sin vergüenza.

Pero, hay una víctima mortal en todo este entramado. Nos referimos a la Constitución de 1999. Una que quedó para los muchachos. Joven pero violada y mancillada a la saciedad por sus propios progenitores. Queda como un libro de adorno al cual algunos apelan para hacer vacías declaraciones y vanas promesas. Habrá de hacerse un gran trabajo para recuperar su imperio y que más nunca vuelva a ser vulnerada.

Junto a la maltratada constitución aparece la figura difusa de un hombre. Uno que juró perseguir la corrupción, acabar con las tribus judiciales, impedir las decisiones tomadas a espaldas del pueblo. Todo un discurso que lo llevó al poder tiene hoy más vigencia que nunca.

Pero con un agravante. Es Hugo Chávez el protagonista de toda esta desventura que vive el país. Nos llevó a un estado de podredumbre mucho peor que el que encontró en 1999. Aponte Aponte lo denuncia, lo desnuda. Es bajo la mirada complaciente de este presidente que Venezuela es hoy un estado fallido. Con una constitución que solo sirve para adornar la fachada democrática que se quiere presentar el mundo.

Chávez y solo él es el responsable de lo bajo que ha caído Venezuela en lo social, lo económico y lo político. Las evidencias están ahí presidente. Usted mismo las puede ver. Solo hace falta que abra los ojos y vea.

Y con seguridad, sus seguidores se estarán preguntando en este momento si para todo esto fue que lo apoyaron. Y muy probablemente muchos sentirán vergüenza de ponerse nuevamente una franela roja.

20/04/2012

26 EL DISCURSITO

Por aquello de lo disociado, es normal que por estos tiempos electorales el gobierno y sus seguidores comiencen a manejar un discursito según el cual la oposición anda en planes que buscan desestabilizar, crear zozobra, generar miedo, promover una invasión del imperio, desatar violencia y pare usted de contar.

Uno tiene que preguntarse por qué el gobierno insiste en esta práctica que lo deja ante los ojos del mundo como una institución venida a menos e incapaz de manejar los problemas de la sociedad que son de su competencia.

Es muy probable que en sus supuestamente frecuentes lecturas de textos especializados, el presidente y sus seguidores no se hayan tropezado con esa vieja máxima según la cual el Estado ostenta el monopolio de la violencia legítima. Que por lo tanto, es inadecuado para quien administra ese Estado decir a los cuatro vientos cual damisela indefensa en busca de protección que hay grupos que promocionan la violencia sin que medie acción alguna para impedirlo.

Lo cierto es que la violencia es el signo de este gobierno. Si algo ha crecido de una forma alarmante y dramática durante el siglo XXI en Venezuela son los grupos armados que retan al gobierno es diferentes ámbitos y terrenos. Podemos comenzar por esos grupos que en zonas populares de Caracas se enseñorean declarando territorios liberados. Y esto pasa a menos de dos kilómetros de palacio a vuelo de pájaro. Hemos visto al presidente hacer la finta de rechazar la existencia de estos grupos. Lo hemos visto ordenar la detención de uno de los pandilleros mayores sin tener el mismo éxito que tuvo, por ejemplo, con la jueza Afiuni.

La existencia de estos grupos es una bofetada al Estado de derecho en Venezuela. Resulta insólito que un gobierno deje que estas pandillas crezcan y se desarrollen de forma tal que en algún momento puedan poner coto a las acciones de cuerpos policiales en esos terrenos que dicen tener liberados. No vemos al presidente insultarlos o amenazarlos con la misma saña con la que lo hace contra venezolanos indefensos que se dedican a la producción o al comercio. Lo he dicho antes: aplaudiría de pie al presidente si llamara al pran que tiene en vilo a los vecinos de La Planta y lo sometiera de la misma forma que lo hizo con el representante del Provincial en cadena nacional.

Con lo de las cárceles encontramos otro triste ejemplo de instituciones en las cuales el gobierno perdió el control de la violencia. Al término de poder decir que en el sistema penitenciario venezolano existe una condición de ingobernabilidad: los reos liderados por pranes han impuesto reglas y condiciones por encima de la capacidad del gobierno de hacer cumplir lo que dicen las leyes al respecto. De ahí que las cárceles sean antros de violencia en los cuales el Estado está pintado en la pared. Y cuando digo Estado me refiero a todos los poderes implicados en esta problemática.

¿Y qué de la violencia que le toca vivir a los venezolanos 365 días al año 24 horas al día? Esa delincuencia desatada sobre la cual el gobierno no puede ejercer control alguno. Este problema se le escapo de las manos a un ministro que es capaz de decir que un ex magistrado se le fugó y no renunciar en el mismo acto. Un ministro al que vista su incapacidad lo despojaron del control de las cárceles. Un ministro que dedica parte de su tiempo a la campaña electoral mientras en cualquier rincón del país, mientras usted lee estas líneas apreciado lector, se está cometiendo algún tipo de acto delictivo.

He aquí la razón del discursito al que hacíamos mención al principio de este artículo. Un discursito dirigido a dos asuntos fundamentales: primero eludir la responsabilidad que estos incompetentes funcionarios liderados por el presidente han demostrado ante estos agobiantes problemas y segundo, establecer una agenda alternativa que ponga a la gente a hablar de cualquier cosa menos de los asuntos que le son urgentes y entre los cuales la violencia ocupa un lugar de primerísima importancia.

El discursito es una especie de cortina que se usa para esconder que no se ha hecho nada, absolutamente nada, para controlar la delincuencia. Peor que eso, trece años después ya nadie cree el intento de responsabilizar a otros, Pero, aún más grave, nadie les va a creer que tienen una propuesta nueva y diferente.

El discursito se convierte en una burda herramienta de comunicación política para que el pueblo y los medios se empantanen en una mediocre agenda alternativa que solo busca diluir las energías políticas en discusiones sin sentido que no van al centro de los problemas y sus orígenes.

Trece años más tarde no hay más nada que decir. Se acabaron los recursos humanos para nombrar nuevos ministros. La resolución de los problemas de la gente no es lo importante. La prioridad la tiene mantenerse en el poder a como de lugar para seguir dilapidando los dineros de los venezolanos en favorecer a otros países mientras aquí seguimos sufriendo las consecuencias de la marcha al pasado que emprendimos en 1999.

El discursito es la única herramienta que le queda a quienes se quedaron con nada para ofrecer.

14/05/2012

27 KAKATUAS

Los oficialistas fueron rápidos en diseñar una estrategia comunicacional que los ayudara a digerir la gigantesca participación de los opositores en las primarias que se realizaron el 12F y que concluyeron en la contundente victoria de Henrique Capriles Radonski. Un evento que les infligía un duro golpe en momentos en que se dudaba que tuviesen ellos mismos candidato presidencial.

Esa misma noche del 12F asistimos a un ejemplo de compromiso unitario cuando todos los candidatos que participaron en la contienda electoral celebraron en una sola tarima el grandioso evento que venía a consolidar los esfuerzos unitarios que se venían trabajando desde hace unos años.

Al principio el oficialismo tomó la ruta de descalificar la participación en cuanto a calidad y cantidad. No les importó que en el proceso atentaran contra la credibilidad de un ente electoral creado a la medida de los deseos del liderazgo chavista. El debate por la calidad de la participación y magnitud del evento lo perdieron ampliamente en todos los escenarios, incluso los propios.

Ante la imposibilidad de modificar en el colectivo la asombrosa imagen que había dejado el 12F procedieron a un cambio en la estrategia comunicacional. Para ello comenzaron a introducir una serie de globos de ensayo con la finalidad de desmoralizar a la oposición. Por ejemplo, presentaron encuestas en las cuales el ausente presidente Chávez tenía hasta

33 puntos porcentuales de ventaja sobre el candidato opositor. Esto vino aderezado con declaraciones de algunos personeros, presumiblemente de Marte, según las cuales el candidato opositor no causaba emoción en las masas, que no levanta en las encuestas. Para servir de adorno al plato se inventaron reuniones en las cuales unos siniestros personajes de la oposición se disponían a desconocer la voluntad popular y proponer un nuevo candidato de reemplazo.

No hubo que esperar mucho por aquellos vectores que desde la oposición le hacen el juego al oficialismo. Saltaron de las tribunas quienes exigían que Capriles se montara en un rin con Chávez y se dieran unos guantazos. Quienes decían que el discurso de Capriles era blandengue, populista, lleno de promesas.

Penacho erguido, con la mirada distante y hablando en dirección contrario a donde ven, pontifican y dicen lo que está bien o mal de la campaña. Diagnostican la misma sin haber asistido a uno solo de los eventos realizados. Proponen cursos de acción como dueños de una verdad que no ha sido comparada con la realidad de la Venezuela que ahora vivimos. Algunos, al otro lado del Mar Caribe lanzan un discurso como que se les acaba de ocurrir. Sin caer en cuenta que están plagiando la especie que el gobierno ha puesto a correr para generar en la oposición un estado de confusión.

No en balde aplauden enardecidos desde la bancada oficialista el corto artículo. Ellos mismos lo fotocopian, lo presentan a través de todos los medios públicos corruptamente al servicio del partido de gobierno. Los hacen correr por las redes sociales. Otros de la misma especie despliegan el plumaje de su cabeza y le enrostran a la oposición las palabras plagiadas por el viejo editor.

Se ha aprovechado el oficialismo de la manía que tenemos los venezolanos de ver las encuestas como una suerte de gaceta hípica. Un instrumento que nos anticipa un favorito para una carrera. Y el bombardeo del gobierno con las encuestas es tal que la gente se olvida de revisar si los números que le están dando se corresponden con la realidad.

El favorito de esas encuestas no está en su mejor condición para la carrera. Tiene tiempo que no traquea, cuando sale a la pista luce cansado y fuera de forma. Lo peor, su gestión no puede ser calificada de otra forma que nefasta. La gente pareciera hacer caso omiso de todas las dificultades que atraviesa y prefiere darle validez a unos números que llegan al exabrupto de decir que la oposición sacaría menos votos que los que obtuvo el 12F.

Se desea crear una espiral del silencio. Se quiere reducir el debate electoral a unos números de dudosa procedencia. Para el gobierno no puede ser de otra forma. En la cadena del 22 de Mayo el presidente sugirió, por las medidas que tomó que hay un montón de materias que lleva a reparación. Dio dinero para vialidad, lanzó el enésimo plan de seguridad, volvió a decir que seríamos una potencia agrícola. El sistema eléctrico es un penoso desastre. Lo cierto es que al término de catorce años, el gobierno no tiene nada que mostrar que justifique el haber manejado más recursos que ninguna otra administración en la historia del país.

Se quiere crear la idea de una mayoría indiscutida que votaría por Chávez independientemente de la mediocridad de su gobierno. Y hacer así que la mayoría de los venezolanos se refugie en el silencio y resignación a este deplorable estado de cosas.

Las cacatúas mientras tanto ven en otra dirección. Prefieren atacar a su propio bando. Quizás porque se siente viudas de la historia. De un momento que ya no ve en ellos la posibilidad de redención. Y con el penacho erguido y mirada pontificia desgranan su llanto en contra de quien debieran estar impulsando.

El voto, al final, es sobre realidades. Hay una persona que recorre el país con tesón y entrega. Es recibido entusiastamente. Son cada vez más los venezolanos que ven en él la posibilidad de conquistar la paz que necesitamos para iniciar la ruta del progreso.

24/05/2012

28 ¿CON QUÉ CARA?

Llegó al poder en 1998 a caballo de los errores del pasado. Las clases políticas que protagonizaron los 40 años que trascurrieron desde la caída la dictadura de Pérez Jiménez fueron sometidas al escarnio público. No fue difícil hacer leña del árbol caído. El rendimiento de esos 8 períodos presidenciales dejaba mucho que desear. Ríos de dinero se habían gastado y la pobreza y el malestar no hacían más que crecer.

El discurso del otrora golpista frustrado era fácil de construir. Criticaba las decisiones de grupos cerrados que no atendían los problemas del pueblo. Lanzaba amenazas contra los corruptos que se habían hecho de los dineros públicos y dejado a la gente en la pobreza. Enumeraba los proyectos inconclusos y denunciaba cómo las esperanzas de los venezolanos habían quedado frustradas mientras se le daba más importancia a mantenerse en el poder que a un proyecto de país que sirviera a los intereses de sus habitantes.

Para erradicar los vicios y problemas del pasado, se hacía necesario refundar la República, emprender un nuevo rumbo que se hizo creer a los venezolanos estaría lleno de nuevas formas de hacer las cosas. Cuatro de cada cinco venezolanos creyeron que con el proceso constituyente se superarían las taras del pasado. Es como si una nueva clase política, virginal, se hacía del poder para trabajar denodadamente por la superación de los problemas que aquejaban a los venezolanos.

Las expectativas de los venezolanos se dispararon a niveles no vistos desde que Pérez fuera reelecto en 1988. El voluntarismo de nuestra gente fue explotado al máximo. Bastaba con decir que algo se iba a resolver para que el nuevo líder recibiera crédito de inmediato. Las esperanzas del pueblo adquirieron forma humana. Se materializaron en esa especie de Martín Valiente que prometía freír la cabeza de los adecos, perseguir a las cúpulas podridas, resolver los problemas de los venezolanos.

Si bien es cierto que este líder tuvo que enfrentar momentos de mucha dificultad, también lo es que es el presidente que ha disfrutado de mayor poder y capacidad de acción desde 1958 para acá. La pregunta que cabe hacerse es: ¿cuál es el balance de esa gestión en términos de esas esperanzas que logró capitalizar?

Y esta pregunta viene a cuento en momentos en que ese líder pide a los venezolanos al momento de presentarse a una cuarta elección consecutiva que lo elijan por seis años más para completar dos décadas en el poder. Pide esta persona lo que nadie se atrevió a pedir anteriormente. Hay varios problemas en esto. El primero que pide seguir en el poder sin rendir cuenta por todo el que ha disfrutado hasta el momento.

Y el balance tiene que comenzar por los problemas de 1998 que lo llevaron al poder. ¿Está el problema de la vivienda mejor que al llegar el presidente al poder? Definitivamente no. A última hora se dieron cuenta que el problema está ahí y mucho peor. De un déficit de un millón de unidades habitacionales se pasó a uno de más de tres. Y la misión que trata de resolver el problema no lo hará, si mantiene un desempeño parecido al actual, en menos de diez años. ¿Con que cara le dice el ahora cuatro veces candidato a la gente que cuenten con la solución del problema en los próximos seis años?

¿Qué de la inseguridad? Este problema se fue de madre desde hace mucho tiempo El presidente y sus ministros han sido totalmente incapaces en el manejo de este asunto. Cada vez que se anuncia un plan de seguridad (19 en total) vemos un recrudecimiento de la criminalidad. ¿Con que cara le dice el candidato oficialista a los familiares de las víctimas que solucionará este problema si hasta el momento ha fracasado escandalosamente?

Y de las obras de infraestructura que decimos. Muy poco de nuevo. Muy poco si se dice que este gobierno ha manejado un millón de millones de dólares que no se ven por ningún lado contribuyendo al desarrollo del país. ¿Dónde está red de trenes que cruzan el territorio nacional? ¿El metro de Maracaibo, o el de Valencia? ¿El segundo puente sobre el Lago de Maracaibo? ¿Con qué cara el presidente puede prometer que algo de esto entrará en funcionamiento en algún momento?

¿Con que cara le dice a los enfermos de cáncer que los hospitales funcionan? ¿Con que cara le dice a los aspirantes a universidades que los bachilleratos funcionan? ¿Con que cara le ofrece a los venezolanos una vida mejor?

¿Y la corrupción? ¿El tráfico de influencias? ¿Las decisiones tomadas entre gallos y medianoche sin consultar al pueblo? ¿Y el desconocimiento de la voluntad popular que rechazó los cambios que proponía a la mejor constitución del mundo? ¿Con qué cara?

Lo cierto es que perdió la gran oportunidad de modernizar a Venezuela y meterla de lleno en el siglo XXI. El país es hoy más dependiente de intereses internacionales. El país es hoy mucho más vulnerable que en el pasado con todo y la juguetería bélica rusa a la disposición.

¿Con que cara puede pedirle Hugo Chávez a los venezolanos que confíen en él? Véase en el espejo señor presidente y trate de contestarse esa pregunta.

10/07/2012

29 HUGO Y LA CLASE MEDIA

Algunas de las últimas intervenciones del candidato a la reelección Hugo Chávez han estado dirigidas a la clase media. Es un reconocimiento tácito de que no goza de la simpatía de amplios sectores de esta franja de la población que es la que más ha sufrido los rigores de un plan político que tiene como objetivo central conculcar las libertades individuales de los venezolanos.

Este llamado al voto que hace el candidato del gobierno suena más como una especie de chantaje que a una verdadera invitación. Destaca el aspirante a la reelección las consecuencias que tendría que enfrentar ese votante si él saliera del poder. Quiere llamar la atención sobre algunos pocos aspectos que sin duda han beneficiado a estos sectores. Pero, lo hace con tono de perdona vidas. No como un político al servicio del pueblo sino como un monarca que concede favores y por lo tanto espera que se le haga especial reconocimiento.

Sin embargo, olvida Hugo que esta clase media sufre los embates de un hampa desbordada que no le da cuartel. Estas personas son víctimas de secuestros, son los que ven sus casas tomadas por bandas que los someten y roban sus pertenencias. Es este sector del pueblo el que se ve viviendo en una especie de toque de queda para evitar horarios que pudieran resultar más peligrosos. En fin, la clase media venezolana no puede decir que el gobierno se ha preocupado por su seguridad y la de los suyos.

La inflación es otro flagelo que castiga inclementemente a unas personas que en la mayoría de los casos viven de ingresos fijos. Y ven como el dinero cada vez le alcanza menos para los pocos productos que hay. La política de controles ha resultado perniciosa para la calidad, variedad y precios para bienes de consumo que ahora ni siquiera se consiguen en el mercado.

La clase media es también, como el resto del pueblo, sufriente de los frecuentes apagones que controlados o no se constituyen en un ingrediente adicional en el deterioro de la calidad de vida de los venezolanos. Sometidos además a un consumo máximo de energía eléctrica se ven obligados a pagar multas bochornosas. Todo porque los burócratas dirigidos por el candidato del gobierno no tomaron las medidas adecuadas ante el aumento del consumo eléctrico.

Se dirige el presidente candidato a una clase media que pierde horas del día y de la vida en trancas del tráfico en las cuales, además, vuelven a ser presas fáciles del hampa que no les da cuartel. No se construyeron vías para mejorar el tráfico de las ciudades venezolanas y se descuidaron las pocas que había.

Le habla Hugo Chávez a unos venezolanos que ven a sus hijos partir de un país que no les ofrece oportunidad alguna. Un país en el que se le hace imposible comprar un apartamento, en el cual un vehículo cuesta hasta cuatro veces lo que cuesta en otras latitudes, un país donde el disfrute del esparcimiento está limitado por la otra clase gobernante en Venezuela: el hampa.

Tomaría mucho espacio mostrar como la clase media ha sufrido a un gobierno que no ha hecho otra cosa que someterla a privaciones, limitaciones y trabas. Lo cierto es que la clase media venezolana se ha visto gravemente afecta por las acciones y omisiones del gobierno de Hugo Chávez.

Que el presidente candidato pida el voto de la clase media es un claro indicio de que no quiere asumir que sus prácticas políticas no han hecho otra cosa que impedir que Venezuela entre el siglo XXI. Sabemos que el nuevamente aspirante a la presidencia tiene una muy buena opinión de su gestión. El problema es que la clase media y la inmensa mayoría de los venezolanos no coincide con esa percepción de Chávez.

El presidente demuestra con estos llamados que perdió la conexión con los venezolanos. Queda en evidencia que no tiene visión de país. Quedó demostrado lo que siempre dijimos desde esta tribuna: Chávez no tiene lo que se necesita para ser presidente de un país que se quiera desarrollar.

14/08/2012

30 ¿QUIERES QUE ESTO CONTINÚE?

Si un gobierno, a propósito, ha deteriorado la calidad de vida de los venezolanos es éste. Difícilmente se puede encontrar una dimensión de este constructo (calidad de vida) en el cual no se vea la nefasta consecuencia de una política que privilegia proyectar una imagen internacional al tiempo que descuida la gestión que se debía realizar en casa.

La dimensión que más preocupa a los venezolanos es la de la seguridad personal. Madres y padres llenan de bendiciones a sus hijos y nietos cada vez que salen a la calle por la razón que sea. El hampa ha demostrado tener mayor capacidad de acción y mayor poder de fuego que los organismos de represión del estado. El gobierno se muestra incapaz de tomar las decisiones necesarias para resolver este delicado asunto que ha costado la vida de más de un ciento de miles de venezolanos. Asesinatos, secuestros, robos, asaltos a viviendas son la norma del día. El presidente Chávez elude su responsabilidad y sigue confiando en la ineptitud de su ministro de Interior y Justicia. Con esta inacción el presidente se hace cómplice por omisión de los asesinos que circulan sin riesgo buscando sus presas a lo largo y ancho del territorio nacional. ¿Quieres que esto continúe?

La posibilidad de ahorrar es una atribución que el gobierno de Chávez le ha confiscado al venezolano. No hay posibilidad de hacerlo con una inflación crónica que acaba con el poder adquisitivo de la mayoría de los venezolanos que tienen que conformarse con tener, si acaso, el dinero del día a día. La intromisión grosera de Chávez en la economía a través de su más incapaz y falto de preparación para el cargo, Jorge Giordani, ha causado destrozos al aparato productivo nacional convirtiéndonos en uno de los mejores clientes de la industria china. La moneda venezolana no tiene valor alguno. Como toda moneda que no se puede transar libremente es víctima de la pérdida continua de su valor y es motivo de vergüenza y desconfianza para quien la posee. ¿Quieres que esto continúe?

El deterioro de la infraestructura eléctrica es producto de la peor depredación que se puede hacer de un sistema al que no se le invirtió lo que se debía en el momento que se debía. La torpeza del ingeniero Giordani y de su mentor político Hugo Chávez nos ha traído a un momento catastrófico en el cual un país que se conoce por su potencial energético sufre continuos apagones que contribuyen aún más al deterioro de la calidad de vida del sufrido venezolano. Miles de millones de dólares se han gastado en la emergencia eléctrica y todavía sufrimos de esta peste. ¿Quieres que esto continúe?

Por muchos años Venezuela fue un país que se distinguía de los demás de la región por su infraestructura carretera. Este gobierno la tiró al abandono. El error político más estridente de este gobierno fue quitarle las carreteras a las gobernaciones y alcaldías. El presidente Chávez en su ignorancia no se dio cuenta de la magnitud de la tarea que se abrogó para sí y su todavía más incapaz tren ejecutivo. Las carreteras venezolanas son un verdadero desastre. Las avenidas y autopistas de las principales ciudades del país se han convertido en guillotinas que cobran cientos de vidas al año por su mal estado y falta de vigilancia. Esto sin mencionar la cantidad de horas/hombre y combustible que se desperdician todos los días por el endemoniado tráfico. ¿Quieres que esto continúe?

El control de divisas es una medida política destinada a someter a los venezolanos a los peores vejámenes que se puedan soportar. No me refiero solamente a la vergüenza de tener que acudir a una oficina primitiva como Cadivi para que asigne unos cupos decretados sin observar criterio alguno. Tampoco a la miserable situación de que se fotocopien los billetes antes de entregarlos al "beneficiario". Es mucho más trágico que no se consigan medicinas y materiales esenciales para la salud de los venezolanos. Que los hospitales carezcan de lo necesario para tratar pacientes con cáncer mientras el presidente recibe tratamiento VIP y no a través del Seguro

Social. Es una pena que una persona pague las cuotas de un vehículo estacionado por falta de repuestos. Que los ascensores de los edificios no funcionen por falta de partes y piezas que deben ser importadas. Es una vergüenza que un moderno supermercado citadino en Venezuela tenga menos variedad y calidad de productos que cualquier mercadito en cualquier ciudad latinoamericana. ¿Quieres que esto continúe?

El tren ministerial del presidente Chávez se distingue solo por su mediocridad. En un conjunto de personas sin brillo, sin iniciativa, sin capacidad gerencial, sin conocimiento necesario para diseñar e implantar políticas destinadas a resolver los problemas de los venezolanos y de esa forma mejorar su calidad de vida. Este es quizás uno de los principales elementos que los venezolanos tienen que tomar en cuenta a la hora de decidir su voto. ¿Con quién gobernaría Chávez? El autor intelectual del desastre que viven los venezolanos, la nulidad gris y engreída Jorge Giordani, sería automáticamente ratificado. El responsable de la destrucción de la industria petrolera Rafael Ramírez: ratificado. El incompetente Tareck El Aissami, sin idea de cómo combatir al hampa desbordada: ratificado. El farsante ingeniero electricista Hector Navarro responsable de los apagones: ratificado. La inefable Iris Valera sin conocimiento de cómo resolver el problema penitenciario: ratificada. Y por ahí se iría la lista de tristemente célebres políticos venezolanos que seguirían fingiendo ser titulares de carteras cuyas responsabilidades desconocen. ¿Quieres que esto continúe?

Esta es una descripción muy sucinta de la gravedad en la que vivimos los venezolanos en la Venezuela bajo Chávez. Un presidente que ha demostrado no tener interés y respeto alguno por los venezolanos. Un individuo que ha invertido miles de millones de dólares en la promoción de su persona mostrando desprecio por el clamor del soberano. ¿Quieres que esto continúe?

25/09/2012

31 DEMOCRACIA DE MENTIRA

Venezuela vive uno de los peores momentos de su historia republicana. El gobierno y las instituciones están en manos de de una clase política que solo cree en la democracia cuando es de su conveniencia. En otras palabras, usa sus procedimientos pero no respeta sus principios.

En realidad se trata de una clase política que podía ser ubicada en la edad antigua para tener un término referencial. Han asumido el poder sin ningún valor democrático que destacar. No hay respeto por las posiciones ajenas. Viven de la descalificación del contrario y de la amenaza. No son abiertos al debate verdadero, a la dialéctica de las ideas. No son tolerantes y son altamente excluyentes.

Solo tienen como límite una fachada democrática con la que conforman a las burocracias internacionales que le dan más importancia a los intercambios comerciales que a la protección de los ciudadanos de los países con los que tienen relaciones.

Lo que pasó en la Asamblea Nacional con el diputado Julio Borges es una demostración de lo que estoy argumentando. Hasta el momento de escribir esta opinión, no he visto ni oído que alguien en el chavismo condenara la acción del individuo que demostró su carácter de bárbaro invasor. No diferenciarse de estas cosas pone a Diosdado Cabello en el mismo nivel de barbarismo que el diputado de su bancada.

Esta es una clase política primitiva. De máximo el 450 de nuestra era. Unos bárbaros que piensan que llegaron al poder a través de una invasión y que por lo tanto tienen derecho a tratar al resto del pueblo como si fuesen vasallos conquistados por la fuerza de las armas y no minoría por los resultados de principios democráticos.

El diputado agresor sacó a relucir su talante primitivo al apelar a la fuerza física para zanjar sus diferencias. O a lo mejor obedecía órdenes de un superior chavista de esos que entiende que la forma de hacer política es por la imposición y con el uso de la violencia. Para este señor la democracia se limita al acto de ir a una elección y listo. No tiene principios democráticos. Es evidentemente una persona con un muy bajo nivel educativo. Lo peor de todo es una persona con muy poca capacidad de contribuir a conformar el capital social que tanto necesitamos los venezolanos.

El agavillamiento como mecanismo político deja en claro la carencia de principios democráticos. Una personalidad autoritaria que ataca desde la posición de sentirse impune. Protegido por sus iguales que no tienen respeto por los valores más elementales de la convivencia humana.

Esta es la cosecha Hugo Chávez Frías. La de la confrontación, la de la aniquilación. Chávez al final lo que terminó construyendo fue un país que por sus contradicciones internas será, más temprano que tarde, presa de las potencias extranjeras que vendrán detrás de nuestros tesoros más preciado, por el ejemplo el agua.

24/01/2013

EPITAFIO

Durante los días finales de Hugo Chávez y después de su muerte anunciada el 5 de marzo de 2013, recibí muchas llamadas de periodistas que me preguntaban sobre el legado de del recién fallecido presidente en ejercicio gracias a las artimañas del Tribunal Supremo de Justicia.

Invariablemente comenzaba con una advertencia para saber si querían continuar con la entrevista o no. Argumentaba que para mí, legado tiene una connotación positiva. Que cuando hablamos de legado mencionamos las acciones que Chávez pudiera haber tenido en favor del pueblo venezolano en su conjunto.

Los días anteriores al anuncio de su muerte asistimos a un dantesco carnaval de mentiras y disparates protagonizados por los que el mismísimo Chávez había designado como sus herederos. Desde el mismo parche a la Constitución para no declarar su falta absoluta una vez que no pudo presentarse a la toma de posición en fecha fija prevista en la carta magna hasta las firmas perfectas haciendo nombramientos y promulgando decretos los venezolanos asistimos atónitos al mayor despliegue de abuso de poder que se recuerde en la historia de nuestro país.

Bajo esas circunstancias se hacía difícil hablar de legado. La sola presencia en el poder de una clase política que se consideraba ungida para cometer horribles dislates contra la constitución que ellos mismos escribieron no era precisamente un elemento positivo a ser considerado parte de un legado.

Tampoco se puede considerar legado la marcada división política que ha puesto al pueblo a enfrentarse por cuestiones que no merecen la pena. Al final esa división quedó, como se demuestra en la actualidad, por un lado los que sintieron haber recibido favores del gobierno y una mayoría que, o quedó relegada por no compartir la visión de país que se quiso imponer por la fuerza o a la espera de los favores que nunca llegaron y hoy se consideran excluidos.

En nombre de la inclusión, Chávez puso en práctica una serie de acciones excluyentes que no pueden, bajo circunstancia alguna, ser consideradas legado. La lista Tascón fue una de ellas. Todos los que ejercieron el derecho constitucional de firmar la convocatoria de un referéndum revocatorio del mandato que había recibido el presidente fueron colocados en una lista de potencialmente excluibles de los programas del gobierno o de lograr un empleo en empresas oficiales o instituciones estatales.

La criminalidad desbordada ha sido tratada con manos de seda por un gobierno que prefirió desarmar a las policías bajo el pretexto de que podían participar en actividades golpistas. Nuevamente la seguridad del presidente y su gobierno por encima de la población. Decenas de miles de personas murieron víctimas del hampa durante 13 años y más del noventa por ciento de esos crímenes quedaron impunes.

Los hechos han venido demostrando que durante el mandato de Chávez el tesoro público fue saqueado como nunca antes en la historia del país. Algunos especialistas sostienen que a Venezuela le entró por concepto de petróleo en la era chavista más del doble que en el período que va desde 1918 a 1998. La pregunta es obvia: ¿dónde está ese dinero? ¿Alguien compra el ridículo argumento de Giordani de que se invirtió en gasto social?

Venezuela retrocedió peligrosamente en indicadores de salud. Los números presentados como logros educativos son desmentidos por los mismos datos de entes oficiales como el INE. El deterioro de la infraestructura es evidente. Pésimos servicios de agua corriente, muy malos servicios de distribución de gas doméstico y apagones frecuentes deterioran cada vez más la calidad de vida de los venezolanos.

Como si todo fuese poco, la destrucción del aparato económico privado está dando sus nefastos frutos: inflación, escasez de productos de primera necesidad han hecho de la vida del venezolano un martirio. Difícil llamarlo legado.

07/05/2015

ACERCA DEL AUTOR

José Vicente Carrasquero Aumaitre dedicó su investigación al entendimiento de la cultura política y su relación con otros aspectos como el comportamiento político, comportamiento electoral y sistema político. Se valió además de sus conocimientos de la política como ciencia, de la matemática, la estadística y las herramientas de la opinión pública.

Ha presentado ponencias en congresos académicos es distintas partes del planeta. Ha dictado conferencias sobre situaciones del entorno político y electoral venezolano. Posee publicaciones en distintos idiomas en los cuales se reflejan los resultados de sus investigaciones que ahora usa para la promoción de personas y/o ideas en el campo de la política.

En su carrera en la Universidad Simón Bolívar desempeñó cargos de responsabilidad que lo llevaron a presentarse como candidato a Rector de esa casa de estudios en 2001. Se hizo acreedor a todas las distinciones académicas otorgadas a profesores universitarios con base en su rendimiento.

Fue Gerente de la Campaña Electoral del candidato de oposición venezolana Manuel Rosales en el año 2006. Más recientemente participó en los comandos Estratégico y de Comunicación del comando de Campaña de Henrique Capriles Radonsky en las elecciones de la Mesa de la Unidad Democrática celebradas en Febrero de 2012 y Abril de 2013 en Venezuela.

Ha participado en proyectos de evaluación de los niveles de gobernabilidad a nivel municipal en Venezuela y determinación de prácticas de gobernanza para mejorar las relaciones con el electorado.

Trabajó como consultor de asuntos públicos de empresas transnacionales operando en Venezuela en temas relacionados con relaciones gubernamentales, cabildeo y prácticas empresariales en entornos políticos hostiles.

www.ingramcontent.com/pod-product-compliance
Lightning Source LLC
Chambersburg PA
CBHW070926290526
45795CB00001B/447